Übersichtskarte
Mainfranken
1:550 000
0 5 10 15 20km
Fulda
Meiningen
Coburg
Bamberg
Schweinfurt
Würzburg
Kitzingen
Erlangen
Fürth
Nürnberg
Ansbach
Crailsheim
Schwäbisch Hall

Inhaltsverzeichnis

Zeichenerklärung für den Autoatlas

Verkehr

Autobahn mit Anschlußstelle fertig, im Bau, geplant, Tankstelle, Rasthaus	E1 10 Rottendf.
Zweibahnige Autostraße fertig, im Bau, geplant	
Bundesstraße fertig, im Bau, geplant, mit Vorfahrt	18
Hauptverbindungsstraße, Steigungen	
Bedarfsumleitung für den Autobahnverkehr	U10
Gute Ortsverbindungsstraße	
Unterhaltener Fahrweg Feld- u. Waldweg	
Eisenbahn mit Bahnhof außer Betrieb	
Zahnradbahn Seilschwebebahn Sessel- und Ski(schlepp)lift	
Kilometrierung zwischen Autobahnauffahrten	31
Groß - Kleinkilometrierung	22 11
Für Kfz gesperrt, für Kfz gegen Gebühr	

Touristische Anziehungspunkte

Wo gibt es was?-Hinweis	
Besonders sehenswert (Ort od. Bauwerk)	WÜRZBURG
Sehenswert (Ort od. Bauwerk)	Sulzfeld
Landschaftlich schöne Strecke	
Burg, Schloß - Ruine	
Kloster - Ruine	
Sehenswerte Kirche - Kirche	
Schanze, Ringwall - Denkmal	
Kapelle - Forsthaus	
Aussichtsturm - Wasserturm	
Funk- oder Fernsehturm - Höhle	
Wassermühle - Wildgehege	
Botanischer Garten - Zoologischer Garten	

Touristeneinrichtungen

Hotel, Restaurant - Motel	
Jugendherberge - Naturfreundehaus	
Touristenstraße	Steigerwald-Höhenstraße
Campingplatz ganzjährig - nur im Sommer	
Parkplatz - Schutzhütte	
Strandbad - Schwimmbad	
Heilbad - Aussichtspunkt	
Naturpark - Naturschutzgebiet	Naturpark NSG
Schisprungschanze	

Sonstige Angaben

Bergwerk - außer Betrieb	
Stadion - Sportplatz	
Hervorragende Bäume	
Flughafen - Flugplatz - Segelflugplatz	
Grenzübergang	
Wald	
Ländergrenze	
Staatsgrenze	

Stadt auf sieben Hügeln: Bamberg

Welche Stadt ist schon von einem Heiligen gegründet worden? Auf Bamberg trifft das zu: 1007 gründete Kaiser Heinrich II., der Heilige, das Bistum Bamberg und legte damit auch den Grund für die Stadt, die sich auf sieben Hügeln erhebt und daher oft ›das Rom des Nordens‹ genannt wurde. Den schönsten Blick auf Bamberg hat man vom Hügel der Altenburg (Foto).

△ Das Alte Rathaus von Bamberg

△ ›Sandkärwa‹ überall: am Kranen und am Leinritt oder in den Altstadtgassen ▽

Ohne Fischerstechen nicht denkbar: ›Sandkärwa‹ ▽

Seminaristen auf dem Weg zum ›Diplom-Bierologen‹ ▽

›Christus als Gärtner‹ und Zunftstangen im ›Gärtner- und Häckermuseum‹ Bambergs ▽

Gemütlich an blankgescheuerten Holztischen: im »Schlenkerla« ▽

Bamberg: geistlich und weltlich gar schön

Bamberg ist mit dem Domberg und dem Michelsberg eine schöne geistliche, mit dem Bürgerquartier an den Ufern der zwei Regnitzarme aber auch eine schöne weltliche Stadt. Zwischen geistlich und weltlich haben die Bürger ihr prachtvolles und höchst bemerkenswertes Rathaus gestellt: Es reitet sozusagen über einem der beiden Flußarme.
Da müssen sich die Bamberger nicht wegen ihres Necknamens grämen: ›Zwiebeltreter‹. Warum der Name? Nun, schon das ›Gärtner- und Häckermuseum‹ zeigt an, daß es hier immer viele Gärtner gegeben hat. Und die bauten auch Zwiebeln an. Damit diese aber schön groß und saftig werden, muß man das Zwiebelkraut zur rechten Zeit niedertreten. Daher also der Name.

Auf geht's zur Sandkirchweih!

Das geistlich-weltliche Bamberg hat für jede Seite ein großes Fest: fürs Geistliche die prunkvolle Fronleichnamsprozession, fürs weltliche die ›Sandkärwa‹, die Kirchweih am Sand, dem Kern Alt-Bambergs. Auf den Straßen und Plätzen werden Bänke, Tische, Buden und Karussells aufgestellt.
Fischessen am Donnerstag, Bratwurst und Bier am Freitag und allen andern Tagen, ›Italienische Nacht‹ auf der Regnitz am Samstag vor der Kulisse der Fischerhäuser von ›Klein-Venedig‹, das ›Fischerstechen‹ am Sonntag und Abschlußfeuerwerk am Montag. Und alles nicht ›amtlich‹, sondern von den Bürgern selbst aufgezogen.

›Bier-Seminaristen‹ gesucht

Bamberg hat zehn Brauereien. Das bekannteste Bier ist das Rauchbier, dessen rauchiger Geschmack entsteht, weil dem Grünmalz auf der Darre der Rauch von Buchenholzfeuer ›gleichmäßig mitgeteilt‹ wird. Das urfränkische »Schlenkerla« ist die berühmteste Rauchbier-

△ Schönste Romanik: der ›Kaiserdom‹ . . . . . . mit dem Bamberger Reiter ▽

△ Unter freiem Himmel: ›Calderon-Festspiele‹ im Hof der Alten Hofhaltung

△ Direkt am Dom: die Alte Hofhaltung, einst Kaiser- und Bischofspfalz

Leinritt und Michelsberg ▽

△ Barockes Stadtpalais ›Concordia‹

Etwas außerhalb: die Altenburg ▽

Gaststätte. Bamberg als Bierstadt meint es in vieler Hinsicht gut mit seinen Gästen, bietet ihnen den Weg zum ›Diplom-Bierologen‹ mit einem ›Bierseminar‹ an, das in Theorie und Praxis binnen fünf Tagen alles über den Gerstensaft vermittelt.

Drei Heilige und ein Papst

Das geistliche Bamberg liegt auf sieben Hügeln. Wer den viertürmigen Dom betritt, sucht gewiß gleich nach dem Bamberger Reiter, von dem man bis heute nicht mit Gewißheit sagen kann, wen er darstellt. Daß dieser Dom auch ein Papstgrab enthält, das einzige auf deutschem Boden, ist weniger bekannt: Papst Clemens II., von 1040 an sechs Jahre der zweite Bischof Bambergs, wurde von Kaiser Heinrich III. als Papst eingesetzt, starb aber schon zehn Monate später (Oktober 1047) und wurde in Bamberg begraben.

Im Dom ist auch das Grab zweier Heiliger: Kaiser Heinrichs II. und seiner Gemahlin Kunigunde. Er war der Begründer des Bamberger Bistums. Und sie die Frau, die sich — von Heinrich des Ehebruchs verdächtigt — dem ›Gottesurteil‹ unterzog und unversehrt über glühende Pflugscharen wandelte. Eine Szene, die auf Tilman Riemenschneiders großartigem Grabmal nicht fehlt. Der dritte Bamberger Heilige hat sein Grab in der Kirche des einstigen Benediktinerklosters St. Michael: Bischof Otto I. von Bamberg.

Eine romantische Liebe

Der dichterisch wie musikalisch ebenso begabte Romantiker E. T. A. Hoffmann kam 1808 als Theaterdirektor nach Bamberg und bewohnte das schmale Haus am heutigen Schillerplatz. Unsterblich verliebte er sich in seine Gesangsschülerin Julia Mark. Er verlor die Sechzehnjährige an eine Vernunftehe, schrieb 1813 darüber die ›Nachricht von den neuesten Schicksalen des Hundes Berganza‹, verließ Bamberg und bekannte später, daß ihn ›das Engelsbild nicht verlassen kann, beim letzten Hauch des Lebens‹.

Maßstab 1 : 150 000

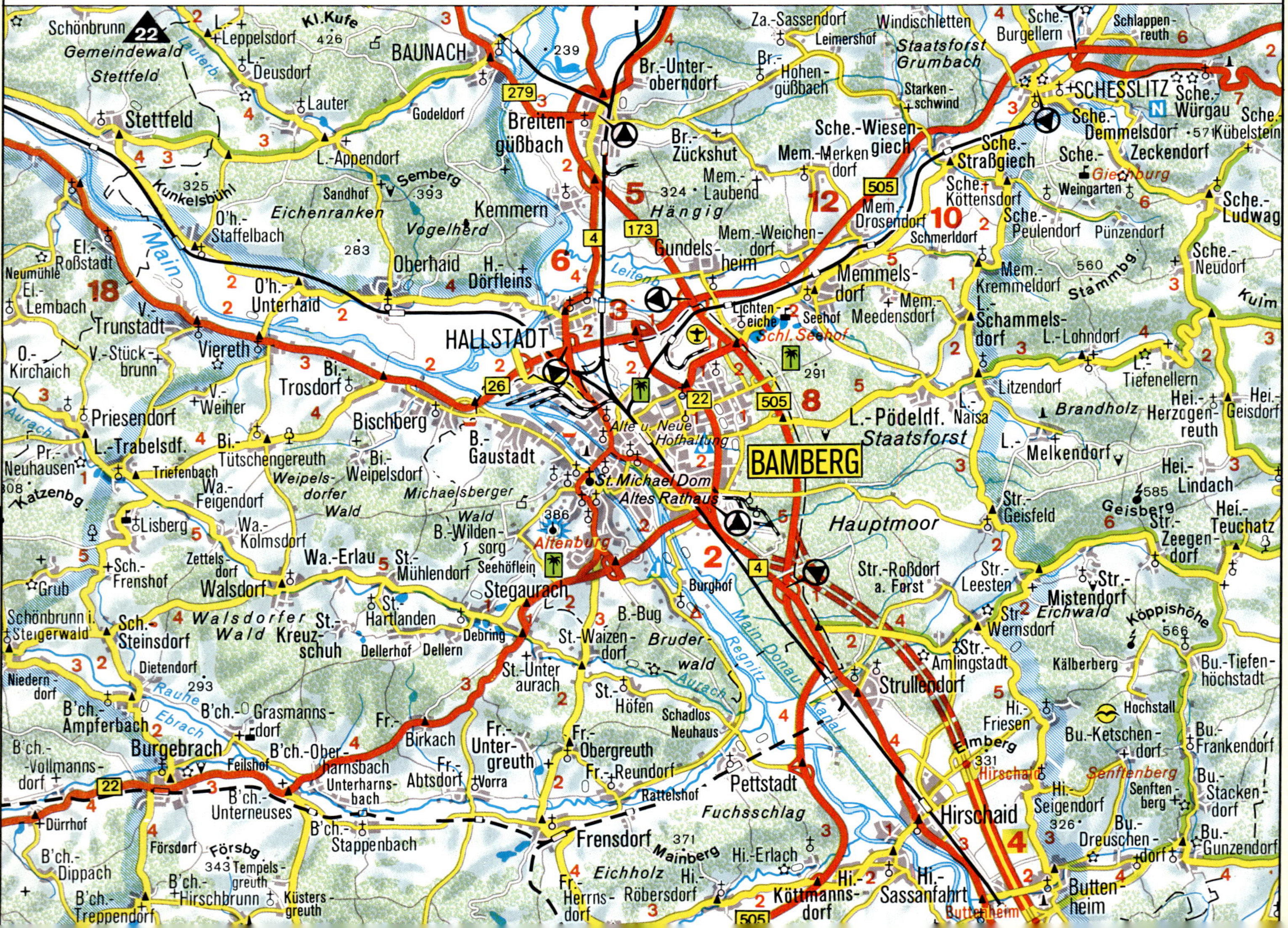

Wo gibt es was?

ⓘ = Auskunft

Bamberg

Auf dem schon zur Jungsteinzeit besiedelten Mündungsgebiet der Regnitz in den Main und den südlich davon gelegenen sieben Hügeln (daher auch der Beiname ›Rom des Nordens‹) hat sich vom 10. bis 12. Jh. der Kern Bambergs entwickelt: auf den Hügeln das geistliche Bamberg, am Regnitzufer und auf der von zwei Flußarmen gebildeten Insel das bürgerliche Bamberg; ergänzt durch die ursprünglich selbständige ›Theuerstadt‹, nordöstlich der Regnitz. Um 930 wurde ein ›Castrum Babenberch‹ genannt, Sitz der ostfränkischen Adelsfamilie der ›älteren Babenberger‹. Kaiser Otto II. schenkte 973 die Burg seinem Vetter, dem Bayernherzog Heinrich II. (›dem Zänker‹). Dessen Sohn, der spätere Kaiser Heinrich II. (973—1024), gründet 1007 das Bistum Bamberg auf Kosten der Alt-Bistümer Würzburg und Eichstätt. Kaiser Heinrich II. und seine Gemahlin Kunigunde wollten Bamberg zum Mittelpunkt des Reiches machen. Das bürgerliche Bamberg blieb bis zur Auflösung der kirchlichen Fürstentümer 1803 und dem Anschluß an Bayern unter der Herrschaft der Fürstbischöfe, trotz einiger Freiheitsbestrebungen.

In den letzten Jahrzehnten hat sich Bamberg, nicht zuletzt als Ausgangspunkt des Main-Donau-Kanals, wirtschaftlich gut entwickelt. Die 1972 gegründete Gesamthochschule führt die Tradition der 1648 gegründeten und 1773 zur Universität erhobenen ›Academia Ottoniana‹ weiter.

Die geistliche Stadt

Mittelpunkt des geistlichen Bamberg ist der Domberg mit dem von Gebäuden aller Stilepochen umgebenen Domplatz. Der Dom St. Peter und Paul geht auf einen ersten Bau Heinrichs II. zurück. Der heutige Bau entstand in der ersten Hälfte des 13. Jh. Das Fürstentor mit der Darstellung des Jüngsten Gerichts im Bogenfeld, die Adamspforte (Südseite des Ostchores), das Marmor-Hochgrab des kaiserlichen Gründerpaares (Tilman Riemenschneider, 1499—1513) und das Standbild des Bamberger Reiters (um 1235) sind die wertvollsten Details des ›Kaiserdomes‹. Die Alte Hofhaltung der Fürstbischöfe ist ein Renaissancebau (1576). Leonhard Dientzenhofer erbaute 1697 bis 1703 die barocke Neue Residenz (mit Rosengarten). Interessant auch die Domherrenhöfe.

Zweiter Schwerpunkt der geistlichen Stadt ist der Michelsberg mit dem ehemaligen, ebenfalls zu Beginn des 11. Jh. gegründeten Benediktinerkloster und der 1121 geweihten Michaelskirche (romanisch mit gotischen Veränderungen, barocke Ausstattung).

Weitere Sehenswürdigkeiten sind die romanische Jakobskirche (Ursprung 12. Jh.) mit barocker Fassade, die Barockkirche St. Getreu (1652 und 1733), das Karmelitenkloster mit barock umgebauter Kirche (1706) und schönem Kreuzgang (14. Jh.), die ›Obere Pfarrkirche‹ (gotisch, 14. Jh.), die heute evangelische Stephanskirche (barock, 1626) und die hoch gelegenen Reste der häufig umgebauten, heute teilweise wiederhergestellten Altenburg (überwiegend 15. und 16. Jh.; Restaurant).

Die weltliche Stadt

Das bürgerliche Bamberg hat natürlich auch seine Sakralbauten, so vor allem die Martinskirche (1690) mit ihrem herrlichen Barock und die in der ›Theuerstadt‹ gelegene romanisch-gotische St. Gangolfkirche (barocke Ausstattung ab 1753). Die Grenze zwischen bürgerlicher und geistlicher Stadt markiert das barocke Alte Rathaus (1456 und 1756), das mitten im südlichen Regnitzarm steht, begleitet von der Oberen Brücke (um 1450) und der Unteren Brücke. Von der Unteren Brücke sieht man zu den Fischerhäusern von ›Klein-Venedig‹ hinüber, von der Oberen Brücke zum fürstbischöflichen Sommerschloß Geyerswörth (um 1580; Turmbesteigung möglich; Verwaltung). Im Wasser spiegelt sich die Barockfassade der ›Concordia‹ (chemisches Institut), um 1720 erbaut für den fürstbischöflichen Hofbeamten Böttinger, dessen erstes Stadtpalais, das ›Böttingerhaus‹ (1713; u. a. Restaurant) in der Judenstraße, sicher das schönste barocke Bürgerhaus Frankens ist.

Profaniert ist seit 1803 die Dominikanerkirche (Ursprung 14. Jh.), die heute den Bamberger Symphonikern als Konzertsaal dient. Hier beginnt auch der schöne Straßenzug von Dominikaner- und Oberer Sandstraße. Auf der Insel, am Schillerplatz, das Haus E. T. A. Hoffmanns, des bedeutenden romantischen Dichters (1776—1822), der 1808 bis 1813 das Bamberger Theater als Kapellmeister leitete. Den südlichen Abschluß der Regnitzinsel bildet der Stadtpark ›Hain‹.

Museen und Veranstaltungen

Am Domplatz: das Historische Museum in der Alten Hofhaltung (täglich geöffnet außer montags Mai bis Oktober), die Neue Residenz mit der Altdeutschen Galerie (geöffnet ganzjährig) und das Diözesanmuseum (täglich geöffnet Ostern bis Allerheiligen). Am Schillerplatz das ›E. T. A.-Hoffmann-Haus‹ mit dem ›Poetenstübchen in der Mansarde‹ (täglich geöffnet April bis Oktober), in der E. T. A.-Hoffmann-Straße das Karl-May-Museum (geöffnet mittwochnachmittags, freitags und samstags sowie sonntagvormittags). In der Fleischstraße 2 ist ein Naturkundemuseum mit über 100 000 Exponaten (geöffnet montags bis freitags sowie an jedem ersten Sonntag im Monat), in der Mittelstraße das ›Gärtner- und Häckermuseum‹ in einem alten Bamberger Gärtnerhaus (Mai bis Oktober, mittwochs und sonntags 14—17 Uhr). Neu ist ein ›Fränkisches Biermuseum‹ auf dem Michelsberg (im Aufbau). Das Städtische Verkehrsamt veranstaltet auch fünftägige ›Bamberger Bierseminare‹.

Schauspiel, Oper und Operette im E. T. A.-Hoffmann-Theater, das im Sommer auch Freilichtaufführungen der ›Bamberger Calderon-Festspiele‹ in der Alten Hofhaltung durchführt. Konzerte der Bamberger Symphoniker und Orgelkonzerte im Dom (Mai bis Oktober, samstags 12—12.30 Uhr).

Das größte Fest ist die ›Sandkärwa‹ jeweils am vorletzten August-Wochenende auf den Straßen und Plätzen der Altstadt. Freisportanlagen, Tennis, Golfplatz, Hallenbad, vier Waldsportpfade, Reitschule im Ortsteil Gaustadt. Stadtführungen; Hafenrundfahrten und Tagesfahrten der Personenschifffahrt.

Essen gehen und Einkaufen

Ein Einkaufsbummel lohnt sich besonders im Fußgängerbereich um den Grünen Markt und im Bereich der Sand- und Dominikanerstraße. Hier auch das berühmteste Bamberger Lokal, das »Schlenkerla« mit seinen guten Brotzeiten und dem Rauchbier. Diese Biersorte wird auch in der ›Spezial-Brauerei‹ hergestellt, die ihr Lokal in der Oberen Königsstraße hat. Biergärten bei den alten Brauereikellern auf dem Stephans- und Kaulberg. Viel Lokalkolorit kann man auch in den Bräustüberln der zehn Bamberger Brauereien haben, etwa beim »Keesmann« in der Wunderburg. In der näheren Umgebung Bambergs gibt es 135 Brauereien — die größte Brauereidichte der Welt. Gut fränkisch ißt und trinkt man im »Weinhaus Messerschmitt«, dem Elternhaus des gleichnamigen Flugzeugkonstrukteurs. Hier und noch mehr in »Michels Küche« gibt es aber auch Anspruchsvoll-Internationales.

ⓘ Städtisches Fremdenverkehrsamt, Hauptwachstraße 16, 8600 Bamberg.

In den Haßbergen saßen die alten Rittersleut'

In den grünen Haßbergen trifft man noch häufig auf Erinnerungen an längst vergangene ritterliche Zeiten. So in Haßfurt selbst, um Ebern oder in Hofheim. Und in der noch stillen Welt der sanften Waldberge und freundlichen Flußtäler kann manche der kleinen Städte recht stolz auf ihre Fachwerk-Schönheit sein, wie etwa Zeil am Main mit dem gut 450 Jahre alten Rathaus am Marktplatz (Foto).

Kodak
HAS-MM47

△ Zwischen zwei Tortürmen: Haßfurts Hauptstraße mit dem Rathaus

Haßfurts ›Ritterkapelle‹ ▽

△ An den Uferwiesen des Mains: das ehemalige Kloster Mariaburghausen

△ Haßfurt: Stadtfest auf der Hauptstraße

Zeil am Main ▽

△ Wanderer im ›Böhlgrund‹

Rokoko-Pracht in Maria-Limbachs Kirche ▽

Wandern auf alten Spuren in den Haßbergen

Ein grünes Dreieck füllt der Naturpark Haßberge aus, 790 Quadratkilometer groß, ein Dreieck zwischen den Städten Haßfurt, Schweinfurt und Bad Königshofen. Wanderwege durchziehen das Land der Waldberge und Bachtäler, bis hinüber zum Nordabhang des Steigerwaldes, drüben auf der südlichen Mainseite. Dort gibt es das geschützte Naturparadies des ›Böhlgrundes‹.

Manche Wege sind uralt, dienten Händlern, Jägern oder Kurieren. So gibt es den ›Rennweg‹, der von Thüringen herüberkommt, den ›Amtsbotenweg‹, der das Herzogtum Coburg mit seiner Enklave Königsberg in Bayern verband, und den ›Schlösser- und Burgenweg‹. Ein Dutzend Burgruinen und an die 35 Schlösser verstecken sich ja in den Haßbergen. Und am Rand der Laubwaldberge gibt es auch Weinberge: Der ›Ziegelangerer Ölschnabel‹ und der ›Zeiler Mönchsberg‹ sind zwar nicht so berühmt wie der ›Würzburger Stein‹, werden aber gern getrunken.

Ein Adelsbuch aus Stein

Haßfurt mit den beiden nahe gelegenen Kunst-Kostbarkeiten von Mariaburghausen und Maria-Limbach ist die Hauptstadt des Haßberge-Dreiecks. Die Stadt hat einen Hasen im Wappen, doch hat man hier nicht die Furt der Hasen durch den Main zu suchen, sowenig wie zu Schweinfurt die der Schweine. ›Haßgau‹ ist der Name eines der neunzehn fränkischen Gaue von vor rund 1250 Jahren.

Haßfurts große Sehenswürdigkeit ist die gotische ›Ritterkapelle‹, sozusagen ein Adelsbuch aus Stein. 270 Wappen, die meisten außen am Fries des Chores angebracht, erzählen von den Mitgliedern einer Ritterbruderschaft, die ab 1390 zu Ehren der Muttergottes diese Kirche bauen ließen. Das Ritterliche hat dabei sogar vom Tympanon des Westportals Besitz ergriffen: Ein Steinrelief

△ Frickendorfs barocke Baunach-Brücke

△ Aus der Renaissance: Rotenhan-Schloß Eyrichshof

Der barocke Kanzelaltar in Fischbachs evangelischer Kirche ▽

Ebern: Altstadtfest vor dem Rathaus ▽ △ Einst Stammsitz der Herren Stein von Altenstein: Altenstein

△ ›Drei-Brüder-Epitaph‹ in Rentweinsdorf An der Burgruine Lichtenstein ▽

von 1438 zeigt die Heiligen Drei Könige in drei durchaus fränkischen Reiteranzügen zum Stall von Bethlehem eilen.

Ein Ritter, höchst gelehrt

Um Ebern und Rentweinsdorf trifft man immer wieder auf die Freiherrn von Rotenhan. Die Kirche von Fischbach bei Ebern, in der Altar, Kanzel und Orgel ein Ganzes sind, ist ihr Werk, auch die Schlösser von Eyrichshof und Rentweinsdorf wurden von ihnen erbaut. Die Rotenhans waren eben ein großer Name in der ›Reichsfreien Ritterschaft des Landes Franken, Kanton Baunach und Gebirg‹.
Da lebte auch ein höchst gelehrter Sebastian von Rotenhan vor bald 500 Jahren, der sich selbst als ›Franke, Deutscher, Rechtsanwalt, Ritter‹ bezeichnete. Zu seinen Freunden zählten Erasmus von Rotterdam und Ulrich von Hutten. Sebastian von Rotenhan war nicht nur Jurist, sondern auch Historiker und Geograf. Er nahm die erste Landkarte von Franken auf, die 1533 von Peter Apian im bayerischen Ingolstadt gedruckt wurde. In der Kirche von Rentweinsdorf kann man diesen Sebastian sehen. Er ist einer der drei Ritter auf dem ›Drei-Brüder-Epitaph‹. Auf dem Friedhof von Rentweinsdorf steht eine Gedenksäule für Agnes Müller, die der Dichter Friedrich Rückert verehrte. Sie starb 1812, im Alter von 16 Jahren. ›Hier ruhet die Hülle eines guten Mädchens‹, liest man auf dem Stein. Rückert widmete der Unvergessenen seinen Sonettenkranz ›Agnes, ländliche Totenfeier‹.

Der ›letzte Ritter Frankens‹

Und nun nach Hofheim. Vor der Stadt liegt auf grünem Obsthügel die Bettenburg der Truchsesse von Wetzhausen. Die Obstbäume hier und anderswo in Franken können gleichsam als Denkmal für den ›letzten Ritter Frankens‹ gelten, den 1836 gestorbenen Christian Truchseß von Wetzhausen. Er, vielseitig gebildet, hat den Obstbau in Franken gefördert.

△ Hofheims alte Apotheke

△ Hier wurde Regiomontanus geboren

Das Haßfurter Tor in Bayerns Königsberg ▽

△ Königsberg: geschnitztes Buchstabenrätsel . . . . . . und ›Auszug der Bürgerwehr 1848‹ ▽

Ellertshäuser See ▽

Die alten Zeiten wiederhergestellt: Stadtlauringens Rathaus ▽

Im Park des heute nicht mehr zugänglichen Schlosses Bettenburg findet man Gedenksteine für die aufrührerischen Ritter Ulrich von Hutten, Götz von Berlichingen und Franz von Sickingen. Christian Truchseß von Wetzhausen hat sie aufstellen lassen, dazu eine Einsiedelei, eine ›Morgenhütte‹ und einen ›Freundschaftsplatz‹. Er lud Männer wie Jean Paul, Heinrich Voß und Friedrich Rückert zu seiner ›Bettenburger Tafelrunde‹, in Erinnerung an die Tafelrunde des Königs Artus.

Ein Genie aus der Idylle

Königsberg in Bayern, die vielleicht schönste Fachwerkstadt in Franken. An einem der allerschönsten Fachwerkhäuser am Salzmarkt kündet eine Tafel, daß hier Johannes Müller, genannt Regiomontanus, geboren wurde. Das Genie aus dem Fachwerkidyll, der Sohn eines reichen Müllers, lebte von 1436 bis 1476, studierte in Leipzig und war mit 21 Jahren Magister in Wien. Er gilt als der größte Astronom seines Jahrhunderts, der mit Berechnungen und von ihm erfundenen Geräten die Fahrt des Christoph Columbus erst möglich machte. Im ›Museum of Science and Industry‹ in Chicago ist er an der ›Wall of History‹ als der führende Geist des 15. Jahrhunderts abgebildet. Ein Mondkrater wurde nach ihm benannt, nach Regiomontanus, dem Königsberger.

Rätsel ins Fachwerk geschnitzt

Königsberg hat alljährlich zu Pfingsten seinen farbenfrohen und höchst militärischen ›Auszug der Bürgerwehr 1848‹, der an damalige Revolutionszeiten erinnert. Das Paradieren geht an den geschnitzten Köpfen der Fachwerkfassaden vorbei, auch an jenem ins Fachwerk gravierten Buchstabenrätsel ›SSESS‹. Dechiffriert heißt das: ›So stirbt ein Sünder selig.‹ Und ›MEMEM‹ heißt: ›Mein einziger Mittler erlöse mich.‹ Frommer Code in der Lingelstraße, in der Stadt des großen Himmelsguckers Johannes Müller.

Maßstab 1 : 150 000 | km 0 1 2 3 4 5

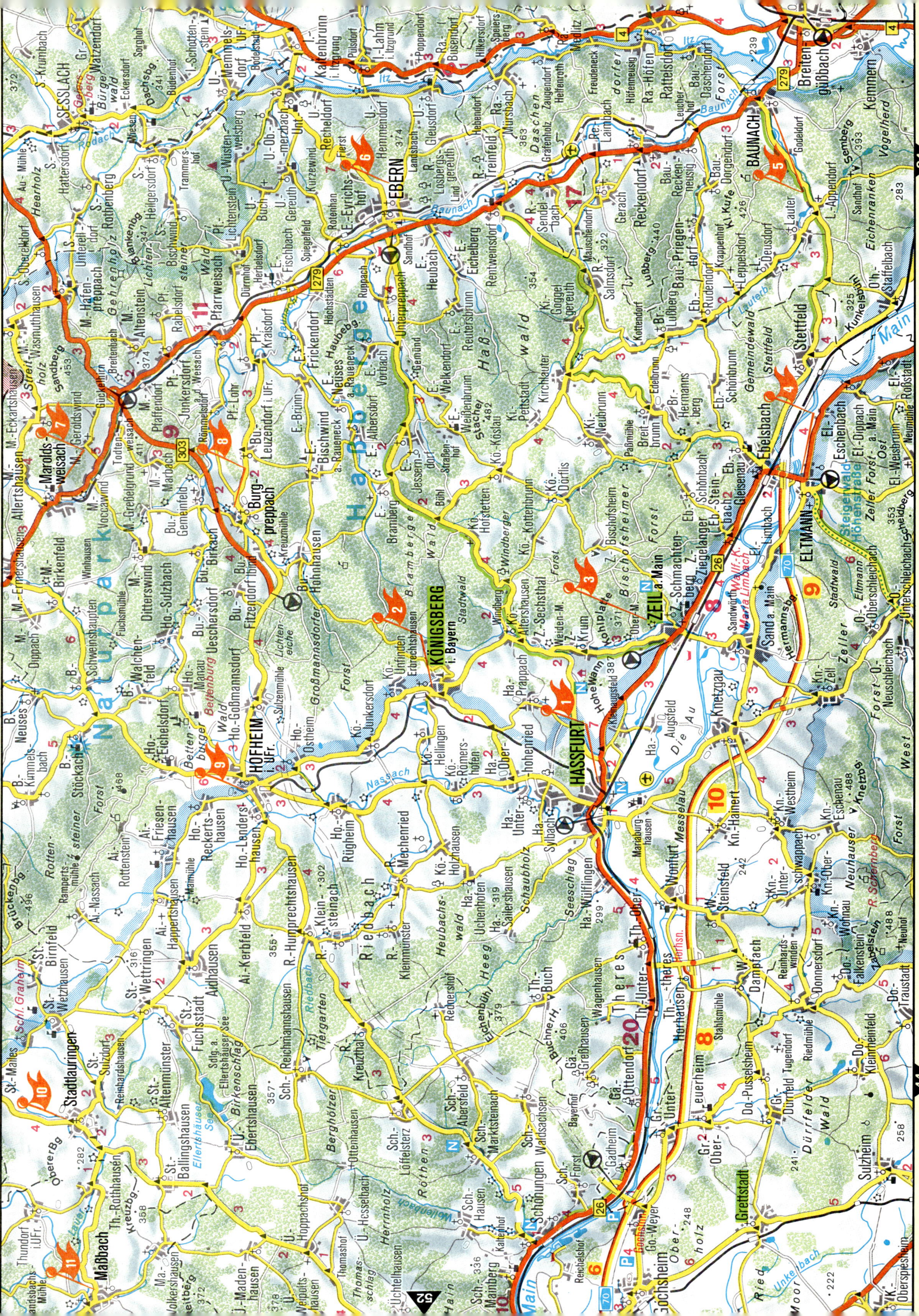

Wo gibt es was?

Fähnchennummer = Textnummer ⓘ = Auskunft

Haßfurt ①

Um 1230 vom Würzburger Fürstbischof mit Stadtrecht neben einer älteren Siedlung gegründet. Heute Kreisstadt mit historischem Charakter: Würzburger und Bamberger Tor aus dem 16. Jh., Fachwerkhäuser, ehemaliges Amtshaus (1521). Gotische Stadtpfarrkirche (ab 1390) mit Holzplastik Johannes der Täufer (Ende 15. Jh.) von Tilman Riemenschneider und Werken seiner Werkstatt (Madonna und die Patrone Kilian, Kolonat und Totnan). In der Vorstadt die gotische ›Ritterkapelle‹ (1465) mit 270 Wappensteinen am Chor (außen und innen).
In *Mariaburghausen* eine ehemalige Klosterkirche (13. /14. Jh.) mit sehenswerter dreischiffiger Krypta. In *Wonfurt* ein ehemaliges Wasserschloß (Ende 16. Jh., 1695 barockisiert; nicht zugänglich).
Freibad, Tennis, Personenschiffahrt. Fränkisch-badisch speist man im »Walfisch«, abends sitzt man gemütlich im »Elsenkeller«.
ⓘ Stadtverwaltung, Marktplatz 1, 8728 Haßfurt.

Königsberg in Bayern ②

Der Geburtsort des bedeutenden Mathematikers und Astronomen Johannes Müller, genannt Regiomontanus (1436 bis 1476; Geburtshaus am Salzmarkt), wurde vor 1180 gegründet. Königsberg ist die fränkische Fachwerkstadt schlechthin, gekrönt von den Resten einer mittelalterlichen Reichsburg (»Schloßberggaststätte« mit guter Küche). Zuletzt Sachsen-Coburgische Amtsstadt (bis 1920). Stattliche evangelische Pfarrkirche (1397—1460, 1640 Brandschaden); Stadtbefestigung aus dem 14. und 15. Jh. mit Torbauten weitgehend erhalten.
An Pfingsten der ›Auszug der Bürgerwehr 1848‹. Gemütliche Einkehr im »Schwanen« und im »Goldenen Stern«.
ⓘ Verkehrsamt 8729 Königsberg.

Zeil am Main ③

Das schöne Weinstädtchen wird 1142 erstmals urkundlich erwähnt. Großartig der Marktplatz mit kunstreichen Fachwerkhäusern des 17. Jh. Im Oberteil hat auch das Rathaus (1540) Fachwerk. Die Michaelskirche (1713) hat guten Rokoko-Schmuck. Stadtbefestigung mit erhaltenem Oberen Tor (15./16. Jh). Hinter *Knetzgau* öffnet sich das Naturschutzgebiet ›Böhlgrund‹.
Tennis, Hallenbad. In der »Zeiler Bürgerstube« wird für Verwöhnte gekocht.
ⓘ Verkehrsamt 8729 Zeil am Main.

Eltmann ④

Schon im 8. Jh. Besitz des Hochstifts Würzburg, 1335 Stadtrecht. Über dem Ort die Ruine der *Wallburg* aus dem 12./13. Jh. Westlich die barocke Wallfahrtskirche *Maria-Limbach*, eines der letzten Werke (1755) Balthasar Neumanns. Die schöne Ausstattung (Rokoko, 1761) ist ein Frühwerk Peter Wagners. Freibad und Yachthafen.
ⓘ Stadtverwaltung 8729 Eltmann.

Baunach ⑤

Der Ort (seit 1328 Stadtrecht) wird bereits 804 genannt. Über der Stadt die spätgotische Kapelle (um 1480) zu Ehren eines seligen Pilgers Überkom. In der Stadt, beim Waisenhaus, ein Hoftor von 1710, dessen Pultdach im Hochrelief geschnitzte Reisige tragen, die sogenannten ›Hölzernen Männer‹.
ⓘ Stadtverwaltung 8601 Baunach.

Ebern ⑥

Gemütliches Städtchen mit viel Fachwerk und gut erhaltener Befestigung aus dem 15./16. Jh. Stadtrecht seit 1230. In der gotischen Laurentiuskirche (1430—1491) mehrere Grabdenkmäler der Familie von Rotenhan. Deren Renaissance-Schloß (16. Jh.; Privatbesitz) im nahen *Eyrichshof*. Das barocke ›Gegenstück‹ (um 1760; Privatbesitz) in *Rentweinsdorf*, wo in der Pfarrkirche (um 1600) ebenfalls Rotenhan-Grabdenkmäler stehen, darunter der ›Drei-Brüder-Epitaph‹ (um 1560). Ebern ist bekannt wegen seiner gemütlichen Wirtshäuser, in denen auch das ›Ungespundende‹ ausgeschenkt wird, ein Kellerbier mit wenig Kohlensäure.
Frei- und Hallenbad, Naherholungszentrum ›Weißfichtensee‹ (Spielplatz, Bootfahren, Grillen), Tennis, Sportflugplatz. Angelferien. Heimatmuseum (geöffnet sonntagnachmittags, im Sommer auch werktags am Nachmittag).
ⓘ Städtisches Verkehrsamt 8603 Ebern.

Maroldsweisach ⑦

Zur Marktgemeinde gehört der Erholungsort *Altenstein*, der für seine Kirschblüte bekannt ist. Über Altenstein die gleichnamige Burgruine, 1225 erstmals genannt und seit 1703 in Verfall.
Bei *Pfarrweisach* die Burganlage *Lichtenstein*, erstmals 1232 genannt, trotz teilweiser Baufälligkeit eine der stattlichsten Burgen Unterfrankens, aus ursprünglich drei Burgsitzen zusammengeschlossen. In Altenstein beheiztes Freibad.
ⓘ Verkehrsverein 8601 Altenstein.

Burgpreppach ⑧

Der Markt (seit 1629) war Mittelpunkt einer Herrschaft der aus Haßfurt stammenden Fuchs von Bimbach. Mittelpunkt ist die Dreiflügelanlage des barocken Schlosses (um 1726; Privatbesitz), in dessen Stucksaal gemalte Gobelins ›hängen‹. In der evangelischen Pfarrkirche einige barocke Grabmäler der Fuchs von Bimbach, in der katholischen Schloßkapelle (1785) eine gotische Madonna aus einer Bamberger Werkstätte (um 1480).
ⓘ Marktgemeinde 8729 Burgpreppach.

Hofheim in Unterfranken ⑨

Aus einem fränkisch-karolingischen Königsgut hervorgegangene ehemalige Kreisstadt (5200 Einwohner). Stadtbefestigung (16. bis 18. Jh.) mit drei Torhäusern (18. Jh.) weitgehend erhalten. Schöne Fachwerkbauten, darunter die Apotheke (ehemaliger Zehnthof der Truchsesse von Wetzhausen, 1581). In der spätgotischen Johanniskirche (um 1520) gute spätgotische Holzskulpturen. Die *Bettenburg* (Rehabilitationszentrum) auf einem Hügel vor der Stadt ist in Formen der Gotik und Renaissance nach dem Bauernkrieg (1525) als Schloß neu erstanden. Im Englischen Park des Schlosses Denkmäler für Ulrich von Hutten, Götz von Berlichingen und Franz von Sickingen. ›Haus des Gastes‹, großes Frei- und Hallenbad, Tennishalle.
In *Goßmannsdorf* ist das »Landhaus Sulzenmühle« ein gastronomisches Juwel, ruhig gelegen, mit guter, vorwiegend fränkischer Küche und großem Freizeitangebot. In *Rügheim* arbeitet ein Töpfer nach alter Tradition.
ⓘ Verkehrsamt, Obere Sennigstraße 10, 8729 Hofheim in Unterfranken.

Stadtlauringen ⑩

Gemütlicher Marktflecken. Das Rathaus ist ein vorbildliches Beispiel der Denkmalpflege, aus dem ›Alten Rathaus‹ (16. Jh.) und dem ›Bäckerhaus‹ zusammengewachsen. Im Bereich der Marktgemeinde der *Ellertshäuser See* für Baden, Segeln und Surfen.
ⓘ Verkehrsamt 8721 Stadtlauringen.

Maßbach ⑪

Gemütlicher Marktflecken. Im historisch unbedeutenden Schloß (1896 bis 1906) hat sich das ›Fränkische Landestheater‹ etabliert, das besonders im Sommer bei Freilichtaufführungen ein begeistertes Publikum hat.
ⓘ Marktgemeinde 8734 Maßbach.

Über 1500 Karpfenteiche prägen das Landschaftsbild des Aischgrundes (Foto) um Höchstadt. Die meisten der kleinen Seen haben keinen Zufluß, ›nähren‹ sich vom Niederschlag und werden darum Himmelsweiher genannt. In Bad Windsheim kommt der nasse Segen von unten: Heilquellen haben der einstigen Reichsstadt neue Bedeutung gegeben.

Himmelsweiher und Heilquellen

△ Höchstadt an der Aisch: über die Brücke zum Schloß und einer der kleinen Bierkeller ▽

△ Schloß im Bauernland: Pommersfelden

△ An einem der Schlüsselfelder Tortürme: das Rathaus und der Festzug beim ›Winkelmarkt‹ ▽

Ein bäuerliches Fest: der ›Winkelmarkt‹ in Schlüsselfeld ▽

Großartige Weltlichkeit: das Treppenhaus in der Pommersfeldener Sommerresidenz der Bamberger Fürstbischöfe ▽

Drei Pfund schwere Aischgründer Spiegelkarpfen

Am deutlichsten wird die Eigenart des Aischgrundes bei einem Blick auf die Landkarte: Lauter blaue Flekken, einer am anderen, zeigen an, daß hier eine Weiherlandschaft ist. Freilich, die Weiher sind fast alle künstlich für die Fischzucht geschaffen. Der Aischgrund steht sozusagen im Zeichen des Karpfens. Fast 20 Quadratkilometer Teichfläche gibt es hier um Höchstadt an der Aisch, das ist beinahe ein Viertel der Fläche des Chiemsees.

Blau oder gebacken

Vom Ablaichen bis zum Speisefisch von etwa 1,5 Kilogramm Gewicht vergehen drei Jahre mit viel Arbeit für den Teichwirt. Dann kann der Aischgründer Spiegelkarpfen auf den Tisch kommen, entweder blau, also gesotten, oder — und so liebt man ihn in Franken besonders — gebacken, wobei der Karpfen der Länge nach halbiert wird. Bei etwa 1,5 Kilogramm Gewicht jeweils gerade eine tüchtige Portion. Spiegelkarpfen heißt der Aischgründer Fisch übrigens, weil er nur an der Rückenlinie, am Schwanzstiel und an den Flossenansätzen geschuppt ist, auf den Breitseiten aber einen Spiegel hat.

Das besondere Recht aufs Bier

Noch immer gibt es in Höchstadt etliche Hausbrauer, die ihr Bier in der ›Kommunebrauerei‹ sieden und in eigenen, kleinen Kellern am ›Kellerberg‹ lagern. Dort haben sie auch ein Häuschen für den gemütlichen Umtrunk ›vor Ort‹ stehen. Einstmals brauten in der Stadt 400 Bürger ihr Bier selbst!

Das Recht dazu war ihnen 1604 von ihrem Landesherrn, dem Bamberger Bischof, zugesprochen worden, als Dank für treue Dienste im Krieg und als Lohn für den Unterhalt der Stadtbefestigung. Die Arbeit an ihrer Wehr haben die Höchstädter genauso ernst genommen wie das

△ Bauernbrot selbstgebacken Priesendorf: Jägergrabplatte von 1717 ▽

△ Burgebrach: der gotische ›Ölberg‹ vor der Veitskirche Lisbergs 800jährige Burg ▽

△ Münchsteinach: Deutlich ist noch der romanische Charakter zu erkennen, besonders im Innern der Klosterkirche ▽

Bierbrauen. Darum kann man heute noch stattliche Reste der Ummauerung betrachten.

Ein Prunkschloß im Bauernland
Eines der prächtigsten Barockschlösser Frankens steht mitten im Bauernland: Schloß Weißenstein in Pommersfelden. Prachtvoll und weitläufig von außen, innen das großartige Treppenhaus mit Stuck, Plastiken und Fresken, dazu der Gartensaal, der Marmorsaal und die Galerie europäischer Barockmaler — und die festliche Stimmung, wenn im Sommer Schloßkonzert ist. Drei Baumeister arbeiteten von 1711 bis 1718 an der Sommerresidenz des Bamberger Fürstbischofs Lothar Franz von Schönborn: Johann Dientzenhofer und Maximilian von Welsch, dazu Lucas von Hildebrandt, der aus Wien Ideen lieferte, wo er für den Kaiser arbeitete.
Und eine Huldigung an das Kaisertum sollte das Schloß in Pommersfelden auch sein, da der Bauherr enge Beziehungen zum Kaiserhaus unterhielt. Schon deswegen, weil er nicht nur Fürstbischof in Bamberg, sondern auch in Mainz und damit auch Kurfürst und Erzkanzler des ›Heiligen Römischen Reiches Deutscher Nation‹ gewesen ist.

›Winkelmarkt‹ und Kräutertee
Kaiserliche Pracht in Pommersfelden, bürgerliche Lebensfreude beim ›Winkelmarkt‹ Ende Juni im Städtchen Schlüsselfeld. Dort gibt es auch ein Stadttor, das den Besucher vermeinen läßt, er käme in eine Festung. Torhäuser sind überhaupt ein Merkmal mancher Orte in und um den Aischgrund. Das schönste, in Fachwerk erbaut, steht in Uehlfeld. Von da sind es nur ein paar Kilometer zum Markt Vestenbergsgreuth, dem bayerischen Kräutertee-Zentrum, wo einst der Pfefferminztee angebaut wurde. Romanische Kühle und Klarheit zeichnet die Kirche des in der Reformation geschlossenen Benediktinerklosters in Münchsteinach aus. In dem heutigen Familienurlaubsort ist die Klosteranlage noch erhalten.

△ In repräsentativem Barock das Neustädter Rathaus

Bis heute ›im Dienst‹ ist das Nürnberger Tor ▽

△ Aus gotischer Zeit: das Alte Schloß

△ Schnitzaltar in der Pfarrkirche

In Neustadt kann man vierspännig reisen ▽

Das Neustädter Heimatmuseum im Alten Schloß zeigt bäuerliches Arbeitsgerät von einst ▽

Freundliche Residenz: Neustadt an der Aisch

Am historischen Marktplatz ist die ehemalige Residenzstadt am deutlichsten erkennbar. In Neustadt saßen die Markgrafen von Ansbach-Bayreuth, gleichzeitig Markgrafen von Brandenburg aus dem Geschlecht der Hohenzollern.
Ein um 625 errichteter merowingischer und dann karolingischer Königshof auf dem ›Reotfeld‹ war der Ursprung von Neustadt, das heute noch immer eine ›Residenz‹ ist. Das Landratsamt des Großkreises Neustadt an der Aisch-Bad Windsheim hat hier seinen Sitz. Es lädt mit seinem rührigen Fremdenverkehrsamt zu historischen Kutschfahrten, zu herbstlichen ›Karpfenschmeckwochen‹ und zum Probieren der vorhandenen Weinlagen ein, wobei der ›Rote Berg‹ von Weimersheim und der ›Bullenheimer‹ die bekanntesten sind.

Zwei fränkische ›Griechen‹

Unter den Neustädter Landesherren gab es auch zwei ›Griechen‹. Der eine war Markgraf Albrecht ›Achilles‹. Wegen seiner kämpferischen Natur hat ihn im 15. Jahrhundert der spätere Papst Pius II. diesen Beinamen gegeben. Zur Residenz machte Neustadt hundert Jahre später der zweite ›Grieche‹: Markgraf Albrecht ›Alcibiades‹. Er hat sich den Beinamen des athenischen Staatsmannes erworben, weil er gleich diesem als politischer Heißsporn seine hochgesteckten politischen Ziele nicht erreichen konnte.

Ein Geißbock auf dem Rathaus

Zur Mittagsstunde macht auf dem Rathaus Neustadts ein Spieluhren-Geißbock seine Sprünge. Er erinnert an die Sage vom wackeren Neustädter Schneider, der im Kriegsjahr 1460 in eine Geißbockhaut schlüpfte, auf die Mauer stieg und den bayerischen Belagerern mit wilden Bocksprüngen vormachte, daß die Belagerten noch reichlich versorgt seien.

△ Ein ›Malerwinkel‹ in Bad Windsheims Altstadt

△ Bäuerliche Technik von gestern im Freilandmuseum ▽

Moderner Kurbetrieb: Soleschwimmbad von Bad Windsheim ▽

△ Ein gutbürgerliches Schlafzimmer: Das ›Museum im Ochsenhof‹ zeigt Volkskundliches

△ Groß und klein beim Kiliani-Altstadtfest: …

… Hier gibt es noch schöne Trachten zu sehen ▽

Fröhliche Feste an Bad Windsheims Quellen

Am Meer liegt die ehemals Freie Reichsstadt Bad Windsheim zwar nicht, aber doch in der ›Windsheimer Bucht‹, in ›Frankens gemütlicher Ecke‹, wie sich der südliche Steigerwald heute gern gegenüber Erholungssuchenden nennt. Die ›Bucht‹ zwischen Steigerwald und Frankenhöhe hat übrigens doch ein Meer hinterlassen, ein warmes, seichtes Binnenmeer, das vor 180 Millionen Jahren das Land bedeckte. Gemütlich ist es in der Tat in den Gassen und auf den Brunnenplätzen von Bad Windsheim. Und fröhlich dazu! Feste gibt es fast das ganze Jahr über: Fasching mit der ›Windshemia‹-Gesellschaft, zu Ostern das Frühlingsfest, die erste Kirchweih schon Anfang Mai im Fränkischen Freilandmuseum, das ›Kiliani-Altstadtfest‹ Anfang Juli, den Weihnachtsmarkt im Dezember, und der ›Historische Wagnertanz‹ findet zu Pfingsten und beim ›Kirchweih-Volksfest‹ Ende August statt. Draußen vor der Stadt im Fränkischen Freilandmuseum ist außerdem immer was los. Drei ›Dörfer‹ sind dort aufgebaut, die einstiges Landleben zeigen, bis hin zum herbstlichen ›Dampfdreschen‹.

Die ›Stellersche Seekuh‹

Zwei Weltfahrer hat Bad Windsheim. Der eine, Franz Daniel Pastorius, wurde 1651 in Sommerhausen am Main geboren. Sein Vater wurde Bürgermeister von Bad Windsheim. Er selbst gründete 1683 als erster deutscher Amerika-Auswanderer Germantown in Philadelphia.
Georg Wilhelm Steller wurde 1709 in Bad Windsheim geboren und starb 1746 im sibirischen Tjumen. 1737 nahm er von Petersburg aus an einer Sibirienexpedition teil und entdeckte zusammen mit dem Dänen Vitus Bering Alaska. In seiner ›Ausführlichen Beschreibung von besonderen Meerthieren‹ stellt er auch die von ihm entdeckte ›Stellersche Seekuh‹ vor.

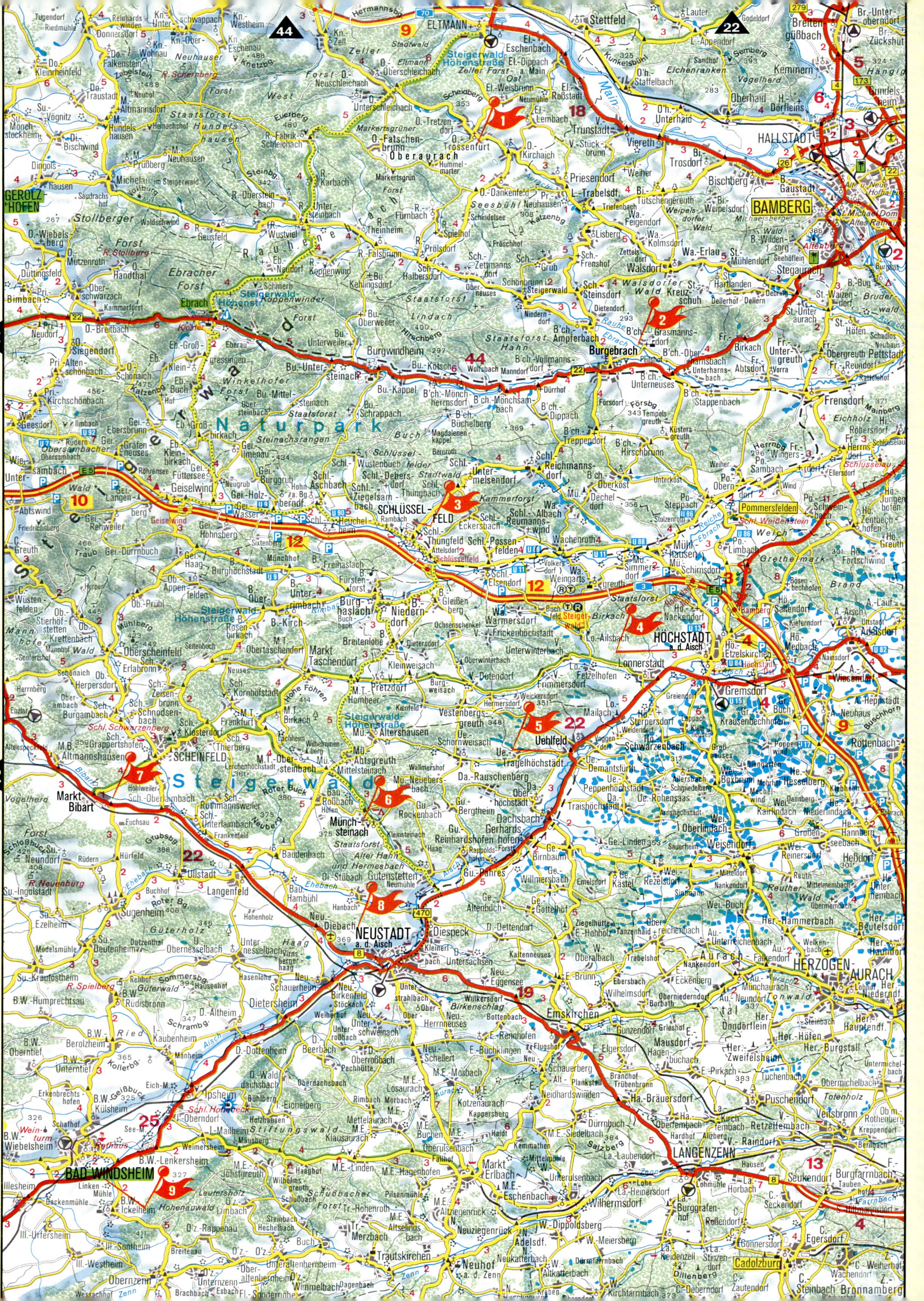
Eltmann
Stettfeld
Hallstadt
Bamberg
Stegaurach
Trunstadt
Viereth
Oberaurach
Priesendorf
Walsdorf
Burgebrach
Burgwindheim
Ebrach
Geroltzhofen
Naturpark
Steigerwald
Schlüsselfeld
Pommersfelden
Höchstadt a. d. Aisch
Adelsdorf
Gremsdorf
Uehlfeld
Scheinfeld
Markt Bibart
Münchsteinach
Neustadt a. d. Aisch
Emskirchen
Herzogenaurach
Langenzenn
Cadolzburg
Bad Windsheim
Markt Erlbach
Wilhermsdorf
Dachsbach
Geiselwind
Steigerwald-Höhenstraße
Kilometer
Maßstab 1:200 000

Wo gibt es was?

Fähnchennummer = Textnummer ⓘ = Auskunft

Oberaurach ①

Aus vielen Ortsteilen bestehende Gemeinde im Oberen Aurachtal. In *Dankenfeld* verlebte Charlotte von Kalb (1761—1843) ihre Jugendjahre im Schloß und wurde 1783 in der Schloßkirche getraut. Sie war mit Friedrich von Schiller, Hölderlin und Jean Paul befreundet. *Fatschenbrunn* ist das ›Hutzeldorf‹ (gedörrte Birnen für die Lebkuchenbäcker zu Nürnberg), und in *Hummelmarter* backt man Brot noch in Hausbacköfen. In *Tretzendorf-Trossenfurt* gibt es Halle und Parcours für Reiter und Angelferien. In *Oberschleichach* Jagdurlaub.
ⓘ Gemeinde 8729 Oberaurach.

Burgebrach ②

Als ›urbs ebraha‹ schon 1023 urkundlich erwähnter Markt (seit 1272) mit Befestigungsanlagen von 1499. In *Lisberg* eine Burg (Burgmuseum, sonntags geöffnet), die schon vor 1200 Jahren als ›Elitzberg‹ erwähnt wurde. Hallenbad, Reiterhof, Freizeitanlage.
ⓘ Marktgemeinde 8602 Burgebrach.

Schlüsselfeld ③

Altes Fachwerkstädtchen, gegründet Mitte des 13. Jh. In der gotischen Pfarrkirche (15. Jh.) ein barocker Hochaltar (1701) aus der Würzburger Universitätskirche. Gut erhaltene Stadtbefestigung aus dem 15. Jh. Rathaus von 1723. In der Umgebung drei Barockschlösser: *Aschbach* (1672; Privatbesitz), *Reichmannsdorf* (um 1715; Privatbesitz) und *Weingartsgreuth* (um 1730; Privatbesitz) bei *Wachenroth.* In der evangelischen Kirche von Aschbach (15. und 18. Jh.) ein Flügelaltar (um 1520) mit Darstellungen aus dem Marienleben. Ende Juni ist in Schlüsselfeld der ›Winkelmarkt‹. Terrassenfreibad, Angeln und Kutschfahrten. In Aschbach ein Feriendorf mit eigenem Freibad.
ⓘ Verkehrsamt 8602 Schlüsselfeld.

Höchstadt an der Aisch ④

Die Stadt, heute Mittelpunkt der Aischgründer Karpfenzucht, wurde bereits 905 genannt (Stadtrecht 14. Jh.). Die gotische Pfarrkirche (14. Jh.) wurde 1730 innen barockisiert. Das Schloß an der Aisch ist bis auf den Ostflügel (um 1575) mittelalterlich; im Ostflügel Stuckierungen (1713). Von der alten Befestigung (13. Jh.) zeugt noch ein Torturm, in dem das Heimatmuseum (Öffnungszeiten beim Verkehrsamt) untergebracht ist. Dieses zeigt vor allem Handwerks- und Zunftgeschichte.
Acht Kilometer entfernt *Pommersfelden* mit dem großartigen Barockschloß Weißenstein, 1711 bis 1718 mit eindrucksvollem Treppenhaus, Großem Saal, Gartensaal und Spiegelkabinett erbaut. Bibliothek, Barock-Galerie, Sommerkonzerte.
In Höchstadts Gasthäusern wird vornehmlich der Aischgründer Karpfen, meist gebacken, angeboten. Am Kellerberg die Keller und Trinkhäuschen der hier zahlreichen Hausbrauer. Frei- und Hallenbad.
ⓘ Verkehrsamt 8552 Höchstadt an der Aisch.

Uehlfeld ⑤

Der 1189 erstmals genannte Markt im Tal der Aisch ist Wohnsitz vieler jüdischer Familien gewesen (alter Judenfriedhof am Ortsrand). Schönes Fachwerk-Torhaus aus dem 18. Jh. Das nahe *Vestenbergsgreuth* war früher Mittelpunkt des Pfefferminzanbaus. Heute ist dort eine große Kräuterteefabrik.
ⓘ Marktgemeinde 8531 Uehlfeld.

Münchsteinach ⑥

Erholungsort mit einer bedeutenden ehemaligen Klosterkirche, einer romanischen, dreischiffigen Pfeilerbasilika (um 1140). In *Gutenstetten* in der häufig veränderten Pfarrkirche (Ursprung um 1500) ein Flügelaltar von 1511 mit Flügelgemälden aus der Donauschule. Freibad, Freizeitsee, Freiluftkegeln.
ⓘ Verkehrsverein 8531 Münchsteinach.

Markt Bibart ⑦

Ebenso wie der benachbarte Markt *Sugenheim* ein gemütlicher altfränkischer Marktflecken, umgeben von Dörfern mit Kirchenburgen. In Markt Bibart großer Spielplatz, Tennisplatz. Der Reitverein ›Steigerwald‹ ermöglicht Ponyreiten für Kinder und Jugendliche.
ⓘ Gemeinde 8536 Markt Bibart.

Neustadt an der Aisch ⑧

Betriebsame Kreisstadt. Keimzelle ist ein karolingischer Königshof. 1190 kam der Ort an die Zollern, Burggrafen zu Nürnberg, die späteren Hohnenzollern und Markgrafen von Ansbach-Bayreuth. 1345 Stadterhebung, 1547 unter Markgraf Albrecht ›Alcibiades‹ Residenz und 1810 an Bayern.
Von der Stadtbefestigung aus dem 15. und 17. Jh. haben sich das stattliche ›Nürnberger Tor‹ und sechs Mauertürme erhalten. Vom Türmchen des Rathauses (1715) meckert zur Mittagsstunde ein Ziegenbock. In der gotischen Stadtpfarrkirche (15. Jh.) die spätgotischen Reste eines bedeutenden Schnitzaltars (15. Jh.) aus den Niederlanden. Heimatmuseum im Alten Schloß von 1440 (geöffnet sonntagvormittags und dienstagabends).
›Neustädter Musikwoche‹ im Juli und August. Kutschreisen bis zu sieben Tagen in Biedermeier-Kutschen und ›Aischgründer Karpfen-Schmeckwochen‹ (vom September bis November) kann man über das Kreisfremdenverkehrsamt (Postfach 1520, 8530 Neustadt an der Aisch) buchen. Waldschwimmbad, Hallenbad, Reiten, Motor- und Segelfliegen. Fränkisch mit böhmischem Einschlag ist die Speisekarte im »Aischtal-Hotel«.
ⓘ Verkehrsamt, Bamberger Straße 31, 8530 Neustadt an der Aisch.

Bad Windsheim ⑨

Sehenswerte ehemalige Freie Reichsstadt (ab 1344), entstanden an einst wirtschaftlich bedeutenden Straßen und vor 1200 Jahren schon genannt. Neben der Altstadt mit dem barocken Rathaus (1717) und der Kilianskirche (nach Stadtbrand 1730 im Barockstil erbaut) hat sich in den letzten Jahrzehnten das Kurviertel abgetrennt etabliert (starke Solequelle und ›Kiliani-Trinkquelle‹) mit großzügigen Einrichtungen.
Im Bild der alten Reichsstadt fallen die vielen Fachwerkhäuser auf, darunter der ›Bauhof‹ (1441), ein Meisterwerk mittelalterlicher Zimmermannsarbeit. In der ›Seekapelle‹ (1402) eine gute Nachbildung des ›Zwölfboten-Altars‹ Tilman Riemenschneiders (Original einst in der Kilianskirche). Prähistorisches Museum (nachmittags geöffnet außer montags, dienstags und donnerstags), ›Museum im Ochsenhof‹ (für Stadtgeschichte und Volkskunde; nachmittags geöffnet außer montags, mittwochs und freitags), Fränkisches Freilandmuseum (mit Gasthaus; täglich geöffnet 15. März bis 5. Januar). Weinbau im nahen *Weimersheim.*
Konzerte, Theater, Ausstellungen. Frei- und Hallenbad. Tennis, Reiten. Anfang Juli das ›Kiliani-Altstadtfest‹ mit dem historischen ›Wagnertanz‹. Weihnachtsmarkt in der Altstadt. Viele gute Gasthöfe und Hotels, das sicher schönste Haus ist der »Storchen« am Weinmarkt, um 1580 erbaut. Gern geht man aber auch ins »Rote Roß«, zum »Goldenen Schwan« oder ins nahe *Ickelheim,* wo der Fachwerkbau des »Goldenen Kreuzes« einlädt. Das Kurviertel hat moderne Hotels und Restaurants.
ⓘ Verkehrsamt der Kurverwaltung, Rathaus, 8532 Bad Windsheim.

Steigerwald: Klöster, Schlösser, Wein

Klöster und Schlösser, mitunter kaum zu unterscheiden, gibt es im westlichen Steigerwald, der sich zwischen den Haßbergen im Norden und der Frankenhöhe im Süden ausdehnt. Auch der Wein gehörte früher oft dem Adel und den geistlichen Herren. Das bedeutendste Kloster im Steigerwald war Ebrach, dessen Kaisersaal (Foto) zeigt, wie wenig ein Abt weltliche Pracht scheute.

△ Besinnliche Frühgotik der ehemaligen Klosterkirche . . .

△ ›Frankens Weinstube‹ in Gerolzhofen

. . . und lebensfroher Barock im Park: Kloster Ebrach ▽

△ Das Treppenhaus im Kloster Ebrach

Eine schöne Abwechslung im Zeitalter des Autos: mit Pferd und ›Wäldler‹-Wagen ▽

Einzigartig: das ›Waldmuseum Handthaler Grund‹ ▽

Immer weiter drängt der Wein hinauf in den Waldbereich, wie hier im Handthal bei Oberschwarzach ▽

Gerolzhofen rühmt sich der größten Weinstube Frankens

So viel Wein bauen sie eigentlich gar nicht an, die Gerolzhöfer. Und doch sagen sie von sich, sie hätten ›Frankens größte Weinstube‹. Sie meinen damit aber ihren schönen Marktplatz, auf dem man alle Jahre Ende Juni einige Tage lang das Marktplatz-Weinfest feiert. Dabei wird in erster Linie die Gerolzhöfer Lage ›Arlesgarten‹ ausgeschenkt. Und so wichtig wird hier der Wein genommen, daß es sogar eine ›Bacchus-Bruderschaft‹ gibt, die jedes Jahr zwei oder drei bekannte Weintrinker aufnimmt.

Ebrach, das Kloster im Tal

Manche Sage verbindet sich mit der Tatsache, daß das Kloster Ebrach ausgerechnet in einem ehemals sumpfigen und abgeschiedenen Waldtal errichtet wurde. Dabei bedarf es gar keiner Sage, sondern nur der Ordensregel der Zisterziensermönche, um das zu erklären: Diese Mönche sollten gerade in unwirtlichen Gegenden Klöster bauen, da Landkultivierung eines ihrer Ziele war. Schon 1127 wurde Ebrach gegründet, wenige Jahre nachdem sich die Zisterzienser als benediktinischer Orden selbständig gemacht hatten.
Die heutige Klosterkirche wurde 1200 begonnen und 1285 geweiht. Sie entspricht in ihrer Schlichtheit ganz dem Bauprinzip der Zisterzienser und ist trotzdem einer der besten frühgotischen Bauten in Deutschland. Ganz besonders das 18. Jahrhundert hat sie im Inneren verändert. Der Würzburger Hofstukkateur Materno Bossi schuf prachtvolle Altäre im Stil des Rokoko. Die großartige Rosette über dem Portal ist eine gute Nachbildung, das Original befindet sich im Bayerischen Nationalmuseum zu München. Fast unverändert ist die Michaelskapelle, und hinter dem Hauptaltar ruhen seit rund acht Jahrhunderten Gertrud, König Konrads III. Gemahlin, und ihr Sohn Friedrich.

△ Scheinfeld: Schloß Schwarzenberg zeigt fast alle Baustile

›Kirche der Franken‹ in Kirchrimbach ▽

△ Scheinfelds Oberes Tor

△ Geiselwind: ›Wurstmännla‹ und Freizeitpark ▽

Für das leibliche Wohl wird in den Scheinfelder »Rentamts-Stuben« gesorgt, beispielsweise mit einem Karpfengericht ▽

Fein herausgeputzt: Geiselwind am Markt ▽

<u>Sozusagen ein Mehrzweck-Kloster</u>
Die Ausstattungspracht der Kirche findet ihre Entsprechung in den Klostergebäuden, die um 1700 entstanden sind. Gewisse Parallelen zu Pommersfelden sind — bei teilweise gleichen Baumeistern und Künstlern — nicht zu leugnen. Doch wirkt Ebrach weniger dramatisch und pompös.
Durch das lichte, sehr barocke Treppenhaus geht es in den Festsaal — bei Führungen oder bei Konzerten und ähnlichen Veranstaltungen. Hin und wieder laufen Männer in Anstaltskleidung durchs festliche Treppenhaus, denn Ebrach ist heute eine Jugendstrafanstalt.

<u>Hinauf zur Stollburg</u>
Um Ebrach gibt es viele Ziele. Naturfreunde interessiert das von kundiger Hand angelegte ›Waldmuseum Handthaler Grund‹. Von dort geht es aufwärts zur Ruine der Stollburg, die 1525 von den Aufständischen im Bauernkrieg zerstört wurde.

<u>Nach Scheinfeld zum ›Gockeltanz‹</u>
Die Schloßanlage Schwarzenberg über dem Städtchen Scheinfeld sieht ein wenig nach einer Musterschau von Bauformen aus. Sie ist der Stammsitz des gleichnamigen Geschlechts. Bürgerlich-gemütlich geht es herunten zu, wenn Mitte Juli das ›Heimatfest‹ die Stadt leuchten läßt. Anfang September ist dann ›Kärwa‹ mit ›Gockeltanz‹ und Schubkarrenrennen. Ansonsten wandert man durch Wiesen nach Erlabronn oder schaut sich in Kirchrimbach bei Burghaslach das einfache Gotteshaus an, das der Jugendstilmaler Matthäus Schiestl als ›Kirche der Franken‹ gemalt hat.

<u>Geheimnisvolles ›Wurstmännla‹</u>
Am schönen Marktplatz von Geiselwind hockt auf der Mauer das ›Wurstmännla‹, das in einer sagenhaften Geschichte auch der ›Murrmann‹ genannt wird. Ein schwedischer General soll es sein, der im Dreißigjährigen Krieg Geiselwind belästigte. ›So wahr ich diese Wurst hier esse, wird euer Geiselwind nicht verschont

△ Hinter Weiher und Stadtmauer liegt Prichsenstadt

△ In Prichsenstadts Altstadt

△ In Castell steht das barocke Neue Schloß neben altem Fachwerk

△ Schönbornsches Schloß in Wiesentheid

Ausflugsziel Friedrichsberg ▽

Alte Gegensätze als Spieluhr: Bauer und ›Häcker‹ am Wiesenbronner Rathaus ▽

Pause im Weinberg ▽

werden!‹ soll er gesagt haben. Und dann schnappte ihm ein Kater namens Murr die Wurst weg und zerkratzte die Backe des grimmigen Kriegers. Und so blieb die Stadt heil. Andere Märchen kann man draußen vor der Stadt sehen, dazu Vögel und sogar Nachbildungen von Urtieren, Sauriern: im ›Vogel-, Pony-, Märchen- und Westernpark‹.

Die Idylle von Prichsenstadt
Prichsenstadt ist ein besonders schönes Weinstädtchen. Von außen, über den Stadtweiher her, und von innen mit der prachtvollen Hauptstraße. Nahe der Stadt liegt Bimbach mit dem Barockschloß derer von Bimbach und Dornheim. Früher saßen hier die Füchse von Bimbach. Eine aus dieser Familie war offenbar von so wahrem Adel, daß sie im 18. Jahrhundert zur Oberhofmeisterin der Kaiserin Maria Theresia in Wien avancierte und in der dortigen Kapuzinergruft, der Begräbnisstätte der Habsburger, ihre letzte Ruhe fand.

Schlägerei auf dem Rathaus
›Wo der Pflug hinkommt, soll keine Rebe wachsen‹, hat man früher in Franken gesagt. Der Spruch drückt auch die alten Gegensätze zwischen Bauer und Winzer aus. Im Dachreiter des Rathauses von Wiesenbronn wird dies in einer Spieluhr deutlich. Da hauen Bauer und Winzer aufeinander ein, und drunter steht: ›Stumm und mit stillem Mund, schlagen wir uns jede Stund!‹

Die Castell — gleich zweimal
Mainfränkischer Uradel sind die heutigen Fürsten Castell. Ein ›Rupert de Castello‹ war schon 1057 bekannt. Heute sitzen die Castell-Castell in Castell und die Castell-Rüdenhausen im benachbarten Rüdenhausen.
Mit diesen beiden Weindörfern bildet ein drittes ein Dreieck zu Füßen des Friedrichsberges: Abtswind. Auf den Hügeln ringsum gedeihen vorzugsweise Silvaner und Müller-Thurgau, die man auf dem Weinlehrpfad auseinanderhalten lernt.

Gochsheim
Schwebheim
Grettstadt
Röthlein
HASSFURT
ZEIL a. Main
Knetzgau
Sand a. Main
Wonfurt
Dampfach
Donnersdorf
Sulzheim
Kolitzheim
GEROLZHOFEN
Michelau im Steigerwald
Stollberger Forst
Ebracher Forst
Ebrach
Burgwindheim
VOLKACH
PRICHSENSTADT
Wiesentheid
Naturpark
Steigerwald
Geiselwind
SCHLÜSSELFELD
Castell
Wiesenbronn
Kleinlangheim
Rödelsee
MAINBERNHEIM
IPHOFEN
Markt Einersheim
Scheinfeld
Markt Bibart
Oberscheinfeld
Markt Taschendorf
Burghaslach
Steigerwald-Höhenstraße
Maßstab 1 : 150 000

Wo gibt es was?

Fähnchennummer = Textnummer ⓘ = Auskunft

Gerolzhofen ①

Um 1300 zur Stadt erhoben, bestimmt aber über 400 Jahre älter, hat Gerolzhofen mit seinen Fachwerkhäusern, dem Alten Rathaus (1585; Schul-, Stadt- und Heimatmuseum, geöffnet täglich, sonntags nur vormittags) und dem Stadtbering aus dem 15. und 16. Jh. sein historisches Gesicht gut bewahrt. Die gotische Pfarrkirche, auch ›Steigerwalddom‹ genannt (15., 16. und 19. Jh.) hat eine teilweise barocke Einrichtung, vor allem der Hochaltar (1764) und der elegante Taufstein (1783). In der Johanniskapelle (1497) ein Holzkruzifixus aus dem Riemenschneiderkreis (um 1510). Ende Juni wird der Marktplatz beim Weinfest zur ›größten Weinstube Frankens.‹ Viel Spaß mit dem ›Altstadtbähnle‹ und mit ›Wäldler-Leiterwagenfahrten‹. Frei- und Hallenbad, Tennishalle, ›Ferienparadies Geomaris‹. Gut fränkisch ißt man im »Wilden Mann« und im »Tor zum Steigerwald«.
ⓘ Verkehrsamt 8723 Gerolzhofen.

Michelau im Steigerwald ②

Erholungsort mit Barockkirche von Balthasar Neumann (1752). Wanderungen zu den Burgruinen und Aussichtspunkten *Vollburg* (457 m) und *Zabelstein* (488 m, Fernsicht auf 113 Orte, sonn- und feiertags bewirtschaftet). Feriendorf.
ⓘ Gemeindeamt 8729 Michelau.

Ebrach ③

Anerkannter Erholungsort im Tal der Mittelebrach. Die ehemalige Abtei war 1127 die erste Zisterzienser-Niederlassung in Franken (heute Strafanstalt). Die Klosterkirche (1200—1285) ist ein hervorragender frühgotischer Bau mit großartiger Fensterrose über dem Portal. Inneres (bis auf die Michaelskapelle) 1778 bis 1791 unter Führung von Materno Bossi (von ihm auch der Hochaltar) verändert. Im barocken Klosterbau ein elegantes Treppenhaus und der reich geschmückte Kaisersaal. Freibad, Erholungshain ›Handthaler Grund‹ mit Waldmuseum. Sitz des Steigerwald-Clubs und der Geschäftsstelle des ›Naturparks Steigerwald‹. Einkehr im »Klosterbräu« am Marktplatz.
ⓘ Verkehrsamt, Rathaus, 8602 Ebrach.

Rauhenebrach ④

Erholungsort im Tal der Rauhen Ebrach. In *Fabrik-Schleichach* (Ökologische Forschungsstation) von der ehemaligen Glasfabrik (Balthasar Neumann) blieb der ›Mäuselturm‹. In *Untersteinbach* eine 600 Jahre alte Dorflinde und in der Taufkapelle der Kirche eine wertvolle Kreuzigungsgruppe von 1720.
ⓘ Gemeindeamt 8602 Rauhenebrach.

Burgwindheim ⑤

Kunstgeschichtlich interessanter Erholungsort (Marktrecht seit 1363). Kostbare Rokoko-Ausstattung in der Jakobskirche (1751). Wallfahrtskapelle Heiligblut (1594, innen barock) und Heiligblutbrunnen von 1690 (Heilquelle). Das ehemalige Ebracher Amtsschloß von 1725.
ⓘ siehe Ebrach.

Geiselwind ⑥

Alter Marktflecken mit schönen Fachwerkhäusern, einem Rathaus von 1699, dem Nepomukbrunnen und in dessen Nähe das originelle ›Wurstmännla‹, vermutlich eine alte Brunnenfigur. Großen Zulauf hat der ›Vogel-, Pony- und Märchenpark Geiselwind‹, der vom Papagei bis zum Dinosaurier alles bietet (geöffnet Ostern bis Mitte September). Tennishalle.
ⓘ Marktverwaltung 8602 Geiselwind.

Burghaslach ⑦

Ruhiger Erholungsort und Marktflecken mit einem Schloß der Grafen Castell (16. Jh.; Privatbesitz). Freibad, Tennis, Angelferien im Ortsteil *Fürstenforst.* In *Markt Taschendorf* Grillplatz und Abenteuerspielplatz.
ⓘ Gemeindeamt 8602 Burghaslach.

Scheinfeld ⑧

Das 1200jährige Städtchen mit seinem malerischen Marktplatz wird überragt vom Schloß Schwarzenberg (17. Jh., bis 1902 wiederhergestellt; Realschule) mit schöner Kapelle. In der barocken Pfarrkirche (1771) ein gotisches Kruzifix aus der Schule von Veit Stoß. Im Oberen Tor (15. Jh.) die ›Heimatstuben‹ (Ortsmuseum, geöffnet nach Vereinbarung). In *Oberscheinfeld* die turmartige Ruine Scharfeneck (14. Jh).
Frei- und Hallenbad. Gutes fränkisches Essen in den »Rentamts-Stuben« am Stadtsee und im »Hirschen«.
ⓘ Verkehrsverein 8533 Scheinfeld.

Castell ⑨

Die Familie der heutigen Fürsten Castell wurde bereits 1057 genannt. Das Neue Schloß entstand 1687 bis 1691 (Privatbesitz). Die äußerlich barocke Kirche (1792) ist innen rein klassizistisch mit heimischem Alabaster gestaltet. Der »Weinstall«, ehemals der fürstliche Pferdestall, erlaubt zum guten Essen die Auswahl von 40 Casteller Weinen.
Das benachbarte *Rüdenhausen* hat ein altes Wasserschloß (14.—16. Jh; Privatbesitz) und das Neue Schloß (1807; Privatbesitz) sowie die Pfarrkirche von 1708 mit vielen Grabdenkmälern der Grafen Castell. Im ebenfalls benachbarten *Abtswind* der erste Weinlehrpfad Mainfrankens und der vielbesuchte »Weinhof Behringer«. Von Abtswind aus Wanderung zum Castellschen Jagdschlößchen (bewirtschaftet) auf dem Friedrichsberg (463 m).
ⓘ Gemeindeverwaltung 8711 Castell.

Wiesenbronn ⑩

Seit 816 als Weinbauort urkundlich nachweisbar, ist Wiesenbronn heute durch seine in Franken seltenen Rotweine bekannt. Eine Besonderheit ist die Rathaus-Kunstuhr: 24mal täglich prügeln sich dort ein Bauer und ein ›Häcker‹ (Winzer).
ⓘ Gemeindeamt 8711 Wiesenbronn.

Wiesentheid ⑪

Gemütlicher Marktflecken mit der Residenz der Grafen von Schönborn: ›Fuchsbau‹ von 1567, der Rest im Barock (ab 1704; Privatbesitz). In der barocken Pfarrkirche (1729) Wand- und Deckengemälde von Giovanni Marchini (1728) mit Scheinarchitektur.
ⓘ Marktgemeinde 8714 Wiesentheid.

Prichsenstadt ⑫

Malerisches Städtchen (Stadtrecht 1367) im Schmuck von Fachwerkhäusern, Brunnen, zwei hintereinander liegenden Stadttoren, dem Fachwerk-Rathaus von 1682 und einem Weiher, der vor der Stadtmauer des 15. und 16. Jh. liegt. In der Pfarrkirche von *Laub* (1590) die ›Lauber Madonna‹ aus Sandstein (um 1310), die um 1590 ›für zwei Eimer Wein‹ von der Würzburger Franziskanerkirche gekauft wurde. Zwei Ausflugsziele im Schönborner Forst: *Ilmbach* mit Gaststätte und Naturlehrpfad, *Rüdern* mit Wildpark.
ⓘ Verkehrsamt 8711 Prichsenstadt.

Oberschwarzach ⑬

Erholungsort am Eingang zu den Weinbergen des Handthals. Dort, mitten in den Reben, das ›Weingut Stollberg‹, eine gute Rast; darüber, am Wald, die 1525 zerstörte Stollburg (13. Jh.). Im Ortsteil *Breitbach* das Rokoko-Juwel der Kapelle ›St. Johannes a Facundo‹ (1757).
ⓘ Gemeindeamt 8722 Oberschwarzach.

WC-Anlage

Rund um Schweinfurt läuft alles leichter

Die Stadt Schweinfurt ist wegen ihrer Kugel-, Walzen- und Rollenlager-Industrie weltbekannt. Doch ist Schweinfurt auch eine historische Stadt. In unmittelbarer Nachbarschaft gibt es ehemalige freie Reichsdörfer, wie Gochsheim. Dort feiert man alle Jahre die große Freiheit von einst mit einer Kirchweih (Foto).

△ Detailreiche Schnitzerei im Rathaus

△ Schweinfurts Stolz: das wiederhergestellte Rathaus

Heute Zeitungsdomizil: das einstige Zeughaus ▽

△ Schweinfurt: Schnitzereiverzierte Ständer stützen die Rathaushalle

Chorfenster in der Kilianskirche ▽

△ Städtische Sammlungen: Fischers Fahrrad

Schweinfurts sommerliches Volksfest ▽

Erst auf den Markt, dann in das Museum

Wer Schweinfurt kennenlernen will, sollte zwei Dinge tun: sich erstens zwischen die Gemüsefrauen auf dem Marktplatz stellen und zum prächtigen Renaissance-Rathaus der einstigen Freien Reichsstadt hinüberschauen. Und zweitens sollte er sich in den Städtischen Sammlungen das erste Fahrrad ansehen, das Philipp Moritz Fischer 1853 gebaut hatte und das viel besser war als das allererste Fahrrad des Freiherrn von Drais. Hat man beides gesehen, das Rathaus und das Fahrrad, dann weiß man schon das Wichtigste über Schweinfurt, dem guter Bürgersinn die Tradition gewahrt und Erfindergeist den Fortschritt gebracht hat.
Das heutige Glück Schweinfurts, so wird man dann feststellen, hängt eng mit dem ›Drahtesel‹, dem Fahrrad, zusammen. In Schweinfurt läuft vieles leichter, weil die ganze Stadt sozusagen auf Kugeln gelagert ist, weil sie die Weltstadt der Kugellager schlechthin ist. Und das alles hat mit diesem ersten Fahrrad von 1853 seinen Anfang genommen.

<u>Fortschritt mit Opfern</u>
Männer wie Philipp M. Fischer, Ernst Sachs, Karl Fichtel und Georg Schäfer haben das industrielle Schweinfurt aus der Taufe gehoben. Sie haben eine Stadt ermöglicht, in der die Arbeitsplätze keinen Lärm und keinen Gestank machen und in der diese Arbeitsplätze so viel Geld bringen, daß man sich auch als Bürger mit allem Freizeitkomfort hat einrichten können. Freilich, als Kugellagerstadt war Schweinfurt wichtiges Bombenziel im Zweiten Weltkrieg, und schon im 19. Jahrhundert ging der Fortschritt einmal ins eigene Auge. Wilhelm Sattler, Erfinder des Farbstoffs ›Schweinfurter Grün‹, setzte sich dafür ein, daß die Bahnlinie Bamberg—Würzburg über Schweinfurt geführt wurde. Damit kam sie auch im benachbarten Schonungen vorbei, wo

△ Vom Kirchturm überragt: Schonungen

△ Die Türme von Grafenrheinfeld

△ Am Grettstädter Dorfplatz: die barocke Kirche und das Rathaus

△ Einst ein Kloster: Schloß Obertheres

Schweinfurt: hinter dem Main die moderne Stadt ▽

Gochsheims Kirche ▽

An Schweinfurts ›Baggersee‹ ▽

Sattler ebenfalls Fabriken hatte. Im November 1852 wurde die Bahn eröffnet, im September 1853 verursachte der Funkenflug einer Lokomotive eine Brandkatastrophe, die in Schonungen nur neun Häuser verschonte.

Ein Dichter, hoch überm Gemüse

Das industrielle Schweinfurt hat große Namen, das kulturelle auch. Da sitzt am Marktplatz, auf seinem Denkmalsockel hoch über den Gemüseständchen, Friedrich Rückert. Der Dichter und Orientalist wurde 1788 in Schweinfurt geboren und ist 1866 in Neuses bei Coburg gestorben. Von seinen Gedichten sind die erschütternden ›Kindertotenlieder‹ die noch bekanntesten, weil Gustav Mahler sie vertont hat. Rückerts großes Verdienst sind seine Übersetzungen aus der orientalischen und indischen Poesie.

Kirchweih als Freiheitsfest

Die zwei Nachbarorte von Schweinfurt, Gochsheim und Sennfeld, beide heute durch ihren Gemüsebau bekannt, waren einst reichsfrei, wie ihre große Schwester Schweinfurt auch. Und gleich den Schweinfurtern, die sich ihre Reichsfreiheit aus königlicher Verpfändung zurückkauften, ließen sich die zwei Freien Reichsdörfer Gochsheim und Sennheim ihre Freiheit nicht nehmen — auch nicht von den Würzburger Fürstbischöfen, denen die protestantischen Exklaven ein Dorn im Auge waren. Am 24. August 1649 wurde den Gochsheimern und Sennfeldern endlich durch Gerichtsentscheid ein für allemal ihre Reichsfreiheit bestätigt. Seither gibt es in beiden Dörfern am ersten Septembersonntag den ›Plantanz‹, also einen öffentlichen Tanz auf dem Plan, dem Platz vor der Kirche. Das Fest ist heute mit der vorgezogenen Kirchweih verbunden. Wochen vorher werden bereits die ›Planburschen‹ ausgewählt, von denen sich jeder eine ›Ehrenjungfrau‹ sucht. Nach dem ›Planaufzug‹ tanzen die Burschen erst mit den kleinen Mädchen, ehe sie feierlich die Ehrenjungfrauen zum Tanz abholen.

Maßstab 1 : 100 000 0 1 2 3 4 km

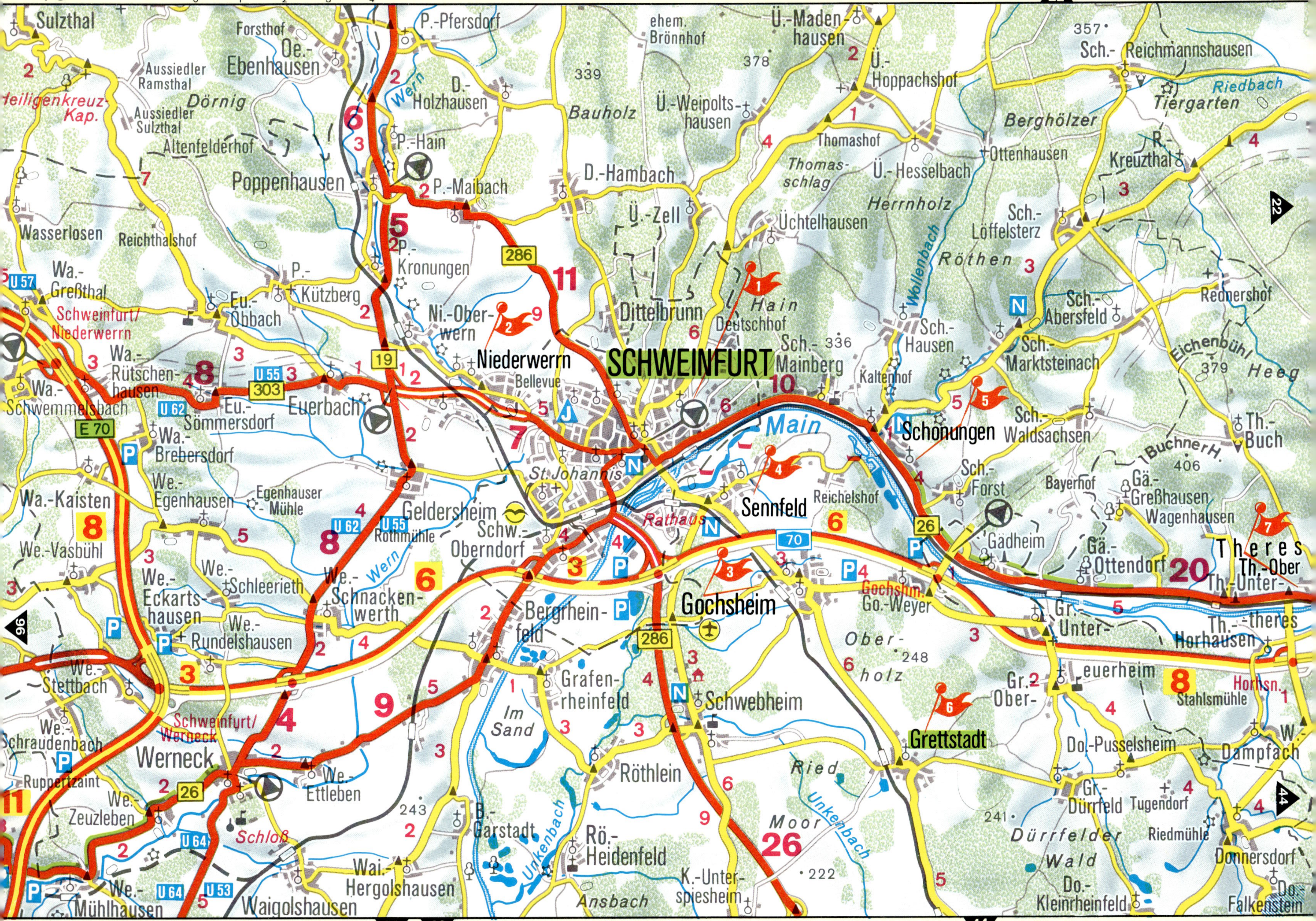

22 22 44 60 96 96

Wo gibt es was?

Fähnchennummer = Textnummer ❶ = Auskunft

Schweinfurt ①

Die kreisfreie Stadt ist gewerblicher und kultureller Mittelpunkt des Gebietes zwischen Main und Rhön. Allein 28 000 von rund 50 000 Arbeitsplätzen sind Erfindungen von Schweinfurter Bürgern zu verdanken: Der Klavier- und Orgelbauer Philipp Moritz Fischer erfand 1853 die Fahrrad-Drehkurbel, sein Sohn Friedrich konnte sich 1890 eine verbesserte Kugelfräsmaschine patentieren lassen, und Ernst Sachs entwickelte 1903 die ›Torpedo‹-Freilaufnabe. So ist heute Schweinfurt die ›Kugellagerstadt‹ schlechthin, dazu auch die Stadt der Kleinmotoren.
Die Geschichte Schweinfurts beginnt mit einer ersten Urkunde von 791, doch besagen neueste Quellen, daß bereits vor 791 Weinbau bei der Siedlung ›Suinuurde‹ betrieben worden sein muß. ›Suinuurde‹ bedeutet eine Furt an einer sumpfigen Stelle, so daß der heutige Name der Stadt mit dem Borstentier eigentlich nichts zu tun hat. Eine Burg auf dem Peterstirnberg wurde im 10. Jh. Hauptsitz der Schweinfurter Grafen, auch ›Jüngere Babenberger‹ genannt, von denen ein Zweig schließlich Österreich gründete. Neben der alten Ansiedlung entstand im 12. Jh. eine Neustadt, der Kern des heutigen Schweinfurt. Bereits 1254 wurde eine schon vorhandene Reichsfreiheit bestätigt, 1282 von König Rudolf von Habsburg gefestigt. 1309 verpfändete Kaiser Heinrich VII. seine Reichsstadt, deren Bürger sich unter großen Opfern 1361 wieder freikauften und von Kaiser Karl IV. das Privileg der künftigen Unverpfändbarkeit erwarben. 1542 führte der Rat der Stadt die neue Lehre Martin Luthers ein. 1652 gründeten vier Schweinfurter Ärzte die ›Academia Naturae Curiosorum‹, eine Gesellschaft, die noch heute (mit Sitz in Halle an der Saale) als ›Deutsche Akademie der Naturforscher‹ besteht. 1814 kam die Stadt endgültig an das Königreich Bayern, nachdem 1802 die Reichsfreiheit aufgelöst worden war. Dank der Kraft seiner weltweit bekannten Industrie konnte sich Schweinfurt von den schweren Zerstörungen des Zweiten Weltkriegs bald erholen und zeigt sich heute als ebenso fleißige wie gastliche Stadt.
Hauptsehenswürdigkeiten sind die Stadtpfarrkirche St. Johannis und der Marktplatz mit dem prachtvollen Renaissance-Rathaus (1572; 1959 wiederhergestellt), erbaut durch Niklas Hoffmann aus Halle; gewölbte Halle im Erdgeschoß, Hallen und Säle auf Holzständern in den Geschossen darüber. Das Querschiff von St. Johannis, noch weitgehend romanisch, wurde um 1225 begonnen, das Langhaus um 1300 beendet, der Chor um 1400 erneuert; im Inneren wertvolle Ausstattung. Originelle moderne Kirchenbauten die katholische Kilianskirche (Hans Schädel, 1953; 250 qm großes Glasfenster ›Wesen und Wirken des Heiligen Geistes‹ von Georg Meistermann) und die evangelische Auferstehungskirche ›Am Bergl‹ (Olaf A. Gulbransson, 1959). Am Marktplatz das Denkmal für den gleich nebenan geborenen Dichter und Orientalisten Friedrich Rückert (1788—1866). Am Altstadtrand das einstige Zeughaus von 1590, heute Redaktion des ›Schweinfurter Tagblatts‹.
Städtische Sammlungen im ehemaligen Alten Gymnasium, einem Renaissancebau von 1582 (geöffnet mittwoch- und freitagnachmittags sowie samstags und sonntagvormittags). Stadtbibliothek, Archiv und Volkshochschule im ›Friedrich-Rückert-Bau‹; modernes Theater (Gastspiele), Ausstellungen (meist im Alten Rathaus) und Konzerte. Für Sport und Freizeit bietet die Stadt Hallenbad, Freibad, Erholungsanlage ›Baggersee‹, Natur- und Kunsteisbahn, Rollschuhbahn, Tennisplätze und Wassersportmöglichkeiten auf dem Main. Wehranlagen mit Leuchtspringbrunnen, Personenschiffahrt auf dem Main und Kneippanlagen.
In den Wintermonaten gibt es in vielen Gasthäusern, meist für Gesellschaften von etwa 30 Personen, die ›Schweinfurter Schlachtschüssel‹; dabei wird vom Bauchfleisch über Innereien bis zu Blut- und Leberwürsten alles von der blankgescheuerten Tischplatte gegessen und dazu Most oder Wein getrunken. Die Speisekarte des Feinschmeckerlokals »Weinstube Gösswein« am Fischerrain weist sehr viel Fisch auf, gut fränkisch ißt man im »Korkenzieher«, im »Lindwurm« und im »Grafen Zeppelin«.
❶ Städtisches Verkehrsamt, Rathaus Metzgergasse, 8720 Schweinfurt.

Niederwerrn ②

Mit Schweinfurt fast zusammengewachsene Stadtrandgemeinde am Oberlauf der Wern, überragt von der Pfarrkirche (im Ursprung mittelalterlich) mit ihrem Barockturm. Im Inneren ein beschwingter Rokoko-Altar (um 1740), eine bemalte Kanzel und bei der letzten Restaurierung aufgedeckte volkstümliche Apostelbilder an der Emporenbrüstung.
In *Sömersdorf* bei Euerbach alle fünf Jahre (nächster Termin 1988) die ›Fränkischen Passionsspiele‹.
❶ Gemeindeamt 8721 Niederwerrn.

Gochsheim ③

Das heute gut 1200 Jahre alte Dorf, bekannt durch seinen Gemüseanbau, war ab Mitte des 13. Jh. schon freies Reichsdorf. Die mächtige Kirchenburg geht auf das 14. Jh. zurück. Am ersten September-Wochenende wird seit 1649 der ›Gochsheimer Plantanz‹, heute zusammen mit der Kirchweih, gefeiert.
In Sichtweite des Ortes das Kernkraftwerk *Grafenrheinfeld.*
❶ Gemeindeamt 8726 Gochsheim.

Sennfeld ④

Sennfeld teilt die Geschichte des Nachbarortes Gochsheim, war ebenfalls freies Reichsdorf und feiert auch am ersten September-Wochenende den ›Plantanz‹. Die ›Sennfelder Seen‹ mit Auwäldern und Schilfgürteln sind ein stilles Landschaftsschutzgebiet.
❶ Gemeindeamt 8722 Sennfeld.

Schonungen ⑤

Das Dorf mit dem nahe gelegenen Schloß *Mainberg* wurde 1853 weitgehend ein Opfer des Fortschritts: Durch Funkenflug von der im Jahr vorher eröffneten Eisenbahn wurde der größte Teil des Ortes zerstört. Daher das heutige, fast städtische Aussehen. Schloß Mainberg, besonders im 19. Jh. mehrmals verändert, stammt in einzelnen Bauteilen aus dem 13. bis 16. Jh. Heute im Besitz der Stadt Schweinfurt.
❶ Gemeindeamt 8724 Schonungen.

Grettstadt ⑥

Einen der schönsten fränkischen Dorfplätze säumen das Renaissance-Rathaus (1590) und die 1769 vom Würzburger Hofarchitekten Johann Michael Fischer fertiggestellte Pfarrkirche. Die Dorflinde wurde 1792 gepflanzt.
Seltene Moorvegetation hat das Naturschutzgebiet der ›Grettstadter Wiesen‹.
❶ Gemeindeamt 8722 Grettstadt.

Theres ⑦

Im heutigen Ortsteil *Obertheres* gründete Bischof Suitger von Bamberg, der spätere Papst Clemens II., um 1045 die Benediktinerabtei St. Stephan und Vitus (1802 aufgelöst). Die barocke Klosterkirche wurde abgebrochen, aus den Klostergebäuden (1724—1743) ein Schloß. In der ehemaligen Abtswohnung schöner Rokoko-Stuck von Agostino Bossi. Erhalten blieb auch ein großer Teil der spätmittelalterlichen Klosterbefestigung.
❶ Gemeindeamt 8729 Theres.

Mainschleife ist der ›Lump‹ daheim

Es gibt in Mainfranken ein Main-Viereck, ein Main-Dreieck und die Mainschleife bei Volkach. Diese Flußschleife legt sich um die Vogelsburg, von der man einen guten Ausblick (Foto) auf die Weinorte hat, an deren Hängen der ›Escherndorfer Lump‹ daheim ist, ebenso der ›Volkacher Ratsherr‹, das ›Nordheimer Vögelein‹ und der ›Sommeracher Katzenkopf‹.

△ Volkachs Sommeracher Tor mit Renaissancegiebel

△ Volkacher ›Ratsherr‹ mit Weinkönigin und -prinzessin

△ Vogelsburg-›Kreuzschlepper‹ und ›Rosenkranzmadonna‹ ▽

Im Wortsinn: ›Maria im Weingarten‹ ▽

△ Typisch fränkisch: das Volkacher Rathaus

Bei Obereisenheim mit der Kettenfähre über den Main ▽

Wo man durch Weintrinken Akademiker werden kann

Volkach scheint im 13. Jahrhundert von Casteller Grafen zur Stadt ausgebaut worden zu sein, um ein für allemal der fränkischen Weinseligkeit zu dienen. Man kann dem Wein gar nicht aus dem Weg gehen in Volkach. Man wird vom ›Ratsherrn‹ begrüßt, dem Leiter des Verkehrsvereins, der sich in ein Kostüm wirft, das die wichtigste Weinlage symbolisiert, den ›Volkacher Ratsherrn‹. Und durch Weintrinken kann man in Volkach sogar Akademiker werden, durch Teilnahme an der ›Bocksbeutel-Akademie‹.
Will man Tilman Riemenschneiders so schöne, 1962 gestohlene und durchs Geld einer Illustrierten wieder zurückgekehrte ›Madonna im Rosenkranz‹ besichtigen, muß man auch durch Wein und hinauf zur Wallfahrtskirche ›Maria im Weingarten‹. Das Gnadenbild ist die Muttergottes in ihrem Rosenkranz aber nicht, das ist vielmehr eine Pietá am linken Seitenaltar, von manchem Besucher gar nicht wahrgenommen.

Uralte Zuflucht Vogelsburg
Die Vogelsburg ist ein Bergsporn, der sich die silberne Mainschleife umlegt, als wären seine Rebhänge einer Kette bedürftig. Die Kette hat schöne Anhänger: Sommerach, Escherndorf, Nordheim, Astheim, Volkach und Eisenheim, alles Weinorte.
Funde beweisen, daß die Vogelsburg schon vor etwa 30 000 Jahren, zur mittleren Altsteinzeit, Zuflucht für Menschen gewesen ist. Die Kelten haben den Berg um 1200 vor Christi Geburt erstmals befestigt, und 1282 verwandelte sich dann eine Burg der Casteller in ein Karmelitenkloster. Heute betreiben Augustinusschwestern das Beten, den Weinbau und die Gastfreundschaft auf dem Berg.

Ein Meisterwerk ging verloren
Ein großer Schatz, nahe der Mainschleife, ist allerdings verlorengegangen: Nach der Säku-

△ Neuromanisches Kloster Münsterschwarzach

Innen Rokokopracht: ›Maria im Sand‹ ▽

△ Kulturkontrast: ›Graue Marter‹ und Münsterschwarzachs goldener Buddha ▽

Dettelbachs Wallfahrtskirche ›Maria im Sand‹ im sogenannten Julius-Stil ▽

Außer Wein gibt es auch viel Spargel, wie hier bei Eisenheim ▽

Gemütlichkeit mit Tradition: »Hotel Leicht« in Biebelried ▽

larisation von 1803 wurde die Abteikirche Münsterschwarzach abgerissen. Sie war eines der Hauptwerke Balthasar Neumanns gewesen, und die Fresken schuf ein junges Genie aus Burgeis in Südtirol: Johann Evangelist Holzer. Münsterschwarzach war sein erster großer Auftrag und sein letzter. Er starb bald darauf, im Alter von 31 Jahren. Wer heute sehen will, wie begabt Holzer gewesen ist, muß nach Garmisch-Partenkirchen fahren und sich dort sein Deckenfresko in der Wallfahrtskirche St. Anton anschauen.

Buddha und die ›Graue Marter‹

Münsterschwarzach ist heute wieder Benediktinerabtei mit einer modernen Kirche, Landvolkshochschule und Missionsseminar. Auch ein Missionsmuseum gibt es. Und so kann es geschehen, daß man innerhalb einer halben Stunde Kunstwerke zweier Religionen besichtigen kann: eine goldene Buddha-Statue und den schönsten Bildstock Mainfrankens, die ›Graue Marter‹ an der Straße von Gerlachshausen nach Sommerach. Aus der Werkstatt Tilman Riemenschneiders kam sie 1511 an diesen Platz, zur Erinnerung an den in jenem Jahr gestorbenen ›ehrsam Heinrich Zorn, Schultheiß zu Gerlachshausen‹. Auf den vier Seiten zeigen Reliefs Passionsszenen.

Spargel und andere Leckereien

Das ist von der Natur großartig organisiert worden, daß es an der Mainschleife, zwischen Obereisenheim und Kitzingen, nicht nur passenden Boden für Wein, sondern auch für Spargel gibt. Die zwei harmonieren bestens, was in fast jedem Gasthof alle Jahre demonstriert wird. Frisch gestochen werden die weißen Stangen allerdings nur bis zum Johannistag, dem 24. Juni. Dann ist die Saison vorbei. Ganzjährig Saison haben in Dettelbach die ›Muskatzinen‹, ein Wallfahrtsgebäck, als dessen Erfinder der Dettelbacher Konditor Urban Degen seit 1850 gerühmt werden kann.

Maßstab 1 : 100 000
We.-Zeuzleben
Schloß
Wai.-Hergolshausen
Waigolshausen
B.-Garstadt
Unkenbach
Rö.-Heidenfeld
Ried Moor
We.-Mühlhausen
We.-Eßleben
Dächheim
Ansbach
K.-Unterspiesheim
K.-Gernach
K.-Oberspiesheim
Rö.-Hirschfeld
Wai.-Theilheim
H.-Rieden
Schwanfelder Höhe
Hausen b. Arnstein
Fährbrück
Be.-Opferbaum
Schwanfeld
Kloster St. Ludwig
Wipfeld
Schornholz
K.-Lindach
Herleshof
Kolitzheim
K.-Herlheim
Pleichbach
Heiligenthal
Schl. Klingenberg
K.-Stammheim
Wadenbrunn
Volkach
Fr.-Brünnstadt
Blankholz
Öttershausen
K.-Zeilitzheim
Warte
Bergtheim
Be.-Dipbach
Ei.-Obereisenhm.
Ei.-Untereisenhm.
Eisenhm.
Vo.-Gaibach
Ru. Stettenburg
U.-Burggrumbach
Oberpleichfeld
Vo.-Fahr
Maria im Weingarten
Vo.-Obervolkach
Vo.-Krautheim
Pr.-Püssenshm.
Main
Unterpleichfeld
Vo.-Rimbach
Vo.-Escherndorf
Vo.-Astheim
VOLKACH
Rathaus
Hartwald
Prosselsheim
Nordheim a. Main
Pr.-Seligenstadt b. Würzburg
Köhler
Kürnach
Hallburg
Strehlhof
Seligenstadt
Kreuzberg
D.-Neusetz
Vo.-Eichfeld
Hart
D.-Schnepfenbach
Sommerach
Röhrig
Hundsfeld
Vo.-Dimbach
Spessart
D.-Euerfeld
D.-Schernau
D.-Neuses a. Berg
Schwarzach a. M.
Oberer Forst
R.-Rothof
D.-Brück
Schw.-Gerlachshsn.
Unterer
Obere Warte
DETTELBACH
Wallf.-K.
Schw.-Schwarzenau
Schw.-Münsterschwarzach
Wie.-Reupelsdorf
D.-Effeldorf
Rathaus
Maria im Sande
Schw.-Dullstadt
D.-Bibergau
Stadtmauer
D.-Mainsondheim
Schw.-Stadtschwarzach
Kl.-Atzhausen
Rottendorf
Schw.-Hörblach
Stephansberg
Kl.-Haidt
Untere Papiermühle
Neuhof
Wie.-Feuerbach
Rottendf.
AB-Kreuz Biebelried
Mainstockheim
Albertshofen
Schwarzach Klosterforst
"Haidt"
Buchbrunn
Kitzingen
Kleinlangheim
Biebelried
Giltholz
Wiesenbronner Höhe
Großlangheim
Theilheim
Bie.-Westheim
K.-Repperndorf
KITZINGEN
Hl. Kreuz-Kp.
Ra.-Lindelbach
K.-Etwashausen
Rö.-Fröhstockheim
Wiesenbronn
K.-Siedlung
Bie.-Kaltensondheim
Rathaus
K.-Hoheim
Schwanberg
Schl. Schwanberg
Oberholz
Klingenwald
K.-Sickershausen
Rödelsee
Och.-Erlach
Birkwald
Sulzfeld a. Main
K.-Hohenfeld
MAINBERNHEIM

Wo gibt es was?

Fähnchennummer = Textnummer   ❶ = Auskunft

Volkach ①

Das rund 1200 Jahre alte Städtchen (Stadtrecht 13. Jh.) ist der Hauptort an der Mainschleife. Der Fluß schlingt sich hier um die Erhebung der zu Volkach gehörenden *Vogelsburg*. Diese trug nach einer frühgeschichtlichen Befestigung eine Castellsche Burg, im 13. Jh. in ein Karmelitenkloster umgewandelt, dessen Reste heute die Anhöhe krönen. Volkach hat immer noch seine zwei Stadttore (13. und 16. Jh.) und einen großen Teil der mittelalterlichen Wehrmauer. Hauptsehenswürdigkeit ist die außerhalb gelegene Wallfahrtskirche ›Maria im Weingarten‹ (15. und 16. Jh.); in dem spätgotischen Bau sind zahlreiche gute Bildwerke, doch blickt jedermann nach der ›Rosenkranzmadonna‹ (1524), einem Spätwerk Tilman Riemenschneiders. Im Städtchen die gotische Pfarrkirche (Chor 1442, Langhaus ab 1472) mit schöner Rokoko-Ausstattung. Das Renaissance-Rathaus (1544) mit seiner doppelläufigen Freitreppe ist der Schmuck des Marktplatzes. Im barocken ›Schelfenhaus‹ (1720) Festräume, das Heimatmuseum (Eröffnung 1985) und die Stadtbibliothek. Auf eine 700jährige Vergangenheit blickt die *Hallburg* zurück (Ausflugsgaststätte).
In *Gaibach* steht auf grünem Hügel die ›Konstitutionssäule‹ (1828) zur Erinnerung an die bayerische Verfassung von 1818, der ersten Verfassung eines großen deutschen Staates. Sehenswert auch das Schloß (16. und 17. Jh.; Landschulheim) und die Dreifaltigkeitskirche (1745, Balthasar Neumann).
In Volkach ist Mitte August immer das ›Fränkische Weinfest‹, wobei alle Weine der Mainschleife ausgeschenkt werden (8000 Sitzplätze unter Kastanien).
In *Escherndorf*, heute ein Stadtteil, ist gar jedes Wochenende im September und Oktober Weinfest! Von Mai bis September gibt es in Volkach die ›Bocksbeutel-Akademie‹ (Grundstufe, Fortgeschrittene und Oberstufe). Das berühmteste Lokal ist das Haus »Zur Schwane«.
❶ Verkehrsamt, Rathaus, 8712 Volkach.

Eisenheim ②

Ober- und *Untereisenheim* wurden zu einer Gemeinde zusammengeschlossen. Obereisenheim hat eine evangelische Kirche (gotisch, 1496; innen barock), Untereisenheim ein katholisches Gotteshaus (Renaissance, 1582; innen Rokoko um 1756, gotisches Kruzifix um 1520). Die zwei Orte haben auch verschiedene Weinlagen: In Untereisenheim dominiert der ›Sonnenberg‹, in Obereisenheim die ›Höll‹, an deren Namen auch eine teuflische Sage hängt. Weinbergswandern kann man in jeder der Lagen, und in beiden Orten gibt es mehrere Straßenweinfeste im Jahr.
❶ Marktgemeinde 8702 Eisenheim.

Nordheim am Main ③

Mit über 400 Hektar Anbaufläche ist Nordheim die größte Weinbaugemeinde in Franken. Sie liegt heute mit Sommerach eigentlich auf einer Insel. Diese ›Insel‹ wird von einer Mainschleife und einem Kanal gebildet, der seit 1957 den Schiffen den Weg zwischen Gerlachshausen und Volkach abkürzt. Der Zehnthof, ein Renaissancebau (um 1600), den einst das Kloster Münsterschwarzach errichtete, erinnert an frühere Herrschaftsverhältnisse in diesem 1100jährigen Ort. Etwa gleichzeitig mit dem Zehnthof wurde auch die Pfarrkirche St. Laurentius gebaut; im Inneren schöne Plastiken des 16. Jh.
Die Winzergenossenschaft des vielbesuchten Weinortes hat den »Zehnthof« nun in eine historische Wein- und Feststube verwandelt. Hier oder in der »Sonne« und anderen Gasthäusern trinkt man das ›Nordheimer Vögelein‹ und ißt dazu den einheimischen Spargel (Mai bis 24. Juni).
❶ Gemeindeamt 8711 Nordheim.

Sommerach ④

Auch in Sommerach gibt es einen Zehnthof des Klosters Münsterschwarzach, das hier also einmal Steuern eintreiben durfte. Das rund 1000jährige Winzerdorf hat den größten Teil seiner mittelalterlichen Ortswehr erhalten. Die Pfarrkirche St. Eucharius (Langhaus 1560, Chor 1756) hat schöne Stukkaturen.
An der Straße nach Volkach steht die ›Viersäulenmarter‹, ein Bildstock (Kopie von 1948, Original um 1700) auf vier Säulen. An der Straße nach *Gerlachshausen* die berühmteste unterfränkische Bildsäule: die reich skulptierte ›Graue Marter‹ (1511).
Sommerachs große Weinlage ist der ›Katzenkopf‹, zu dem man im »Weißen Lamm« und im historischen Haus »Zum Schwan« (schönes Portal von 1708) besonders gut essen kann.
❶ Gemeinde 8711 Sommerach.

Schwarzach am Main ⑤

Die wichtigsten Ortsteile sind *Stadtschwarzach* und *Münsterschwarzach*. Die alte Benediktinerabtei Münsterschwarzach hat eine bewegte Geschichte: 816 im mittelfränkischen Ullstadt gegründet, wurde sie schon 819 hierher verlegt. 1669 bis 1743 wurden Kloster und Kirche in prachtvollem Barock erneuert. Die Kirche war ein Meisterwerk Balthasar Neumanns und wurde doch nach der Säkularisation von 1803 abgerissen. 1913 kamen Benediktiner zur Neugründung der heutigen Abtei. Bis 1838 entstand die wuchtige Kirche (Albert Boßlet), 1941 schloß die Geheime Staatspolizei das Kloster. Schon im April 1945 konnte Abt Burkard Utz die Kirchentore wieder öffnen. Heute bildet es in erster Linie Missionare aus, betreibt auch eine Landvolkshochschule und unterhält ein Missionsmuseum. Gegenüber der Abtei der stilvolle Gasthof »Zum Benediktiner«, den kein Benediktiner leitet.
❶ Marktverwaltung 8719 Schwarzach.

Dettelbach ⑥

Das malerische Weinstädtchen ist noch fast vollständig umwehrt. 36 von einst 52 Mauertürmen, zwei von fünf Toren stehen noch; im Faltertor ein Handwerkermuseum (geöffnet nach Vereinbarung). Das Rathaus (1512) ist über der Dettel gebaut. Die Pfarrkirche St. Augustinus (1489 und 1769) hat zwei ungleiche Türme, die durch eine Holzbrücke verbunden sind. Das 741 erstmals als Siedlung genannte und 1484 mit Stadtrecht versehene Dettelbach wurde ab 1506 ein bald vielbesuchter Wallfahrtsort. Der heutige Bau der Wallfahrtskirche ›Maria im Sand‹ entstand größtenteils bis 1613. Das überreiche Portal schuf Michael Kern; freistehender Gnadenaltar (Rokoko, 1779).
Die einheimischen Weinlagen heißen ›Honigberg‹ und ›Sonnenleite‹. Der »Grüne Baum« ist von vielen guten Gasthöfen ein besonders guter. Ein nur hier erhältliches Gebäck sind die ›Muskatzinen‹. Hallenbad, Badeseen am Main, Surfen, Reiten und Angeln.
❶ Städtisches Verkehrsamt, Rathausplatz 1, 8716 Dettelbach.

Biebelried ⑦

Der Ort gab dem nahen Autobahnkreuz seinen Namen. In der Pfarrkirche (1822) zwei Plastiken (Kruzifix und Salvator-Figur) von Tilman Riemenschneider. Reste eines großen, im 13. Jh. errichteten Kastells des Johanniterordens. Aus dem Besitz der Ordenskommende stammt auch die einstige ›Karawanserei‹, das heutige »Hotel Leicht« mit seiner noblen, fränkischen Atmosphäre und der umfangreichen Speise- und Gestränkekarte (Restaurant sonntags geschlossen).
❶ Gemeindeamt 8710 Biebelried.

Weinland vom Schwanberg bis zur Frankenhöhe

Am seit Urzeiten besiedelten Schwanberg gedeihen heutzutage die großartigen Weine von Iphofen und Rödelsee. Gegen Süden, zur Frankenhöhe hin, geht der Weinbau in Ackerbau über. An der Spitze des Maindreiecks aber, um Kitzingen, geben die ›Wengerte‹ wieder den Ton an. So wie auf dem Cyriakusberg bei Sulzfeld (Foto).

△ Aus barocker Zeit: Kitzingens alte Mainbrücke und die evangelische Kirche

△ Sulzfeld am Main

△ Im Keller der ›GWF‹ in Repperndorf

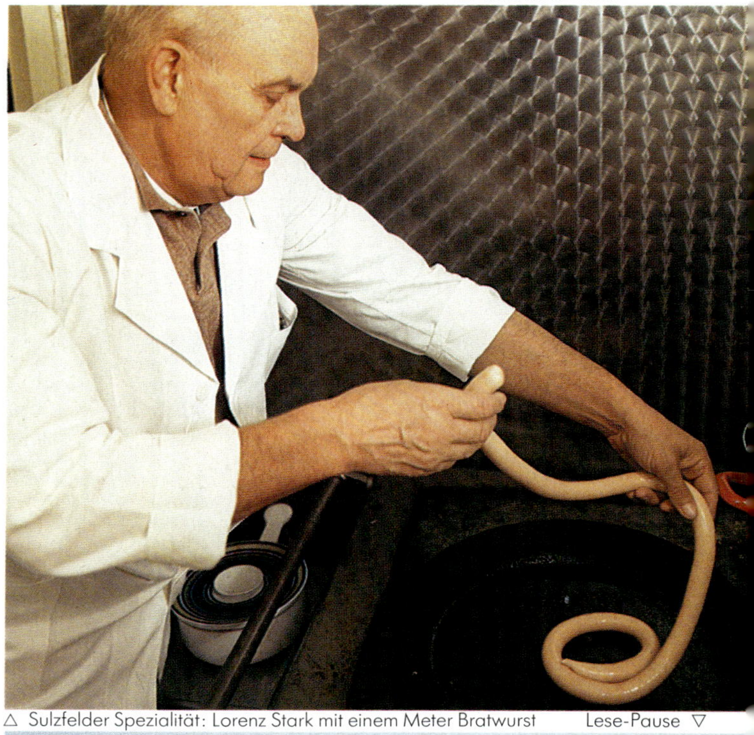

△ Sulzfelder Spezialität: Lorenz Stark mit einem Meter Bratwurst

Sulzfeld: Spätlese ▽

Lese-Pause ▽

Weit bekannt ist das Sulzfelder Straßenweinfest, seinerzeit das erste in Franken; hier vor dem Rathaus ▽

Kitzingen, Stadt der Winzer und der Gärtner

In Sichtweite des Schwanbergs am westlichen Rand des Steigerwaldes schwingen sich zwei Brücken, eine alte und eine neue, über den Main in die Stadt Kitzingen hinein. Ein Frauenkloster markiert den Anfang Kitzingens. Dieses wurde erstmals sozusagen aktenkundig, als im Jahr 748 der Abt Sturmius von Fulda hier krankheitshalber verweilen mußte. Mit einiger Sicherheit aber ist Kitzingen noch etwas älter. Denn die erste Äbtissin soll Hadeloga gewesen sein, eine Tochter des merowingischen ›Hausmeiers‹ Karl Martell. Der brachte im 8. Jahrhundert seine nach ihm Karolinger genannten Nachkommen vom Stand des ›Major Domus‹ in die Königswürde.

Rathaus mit Schmunzelfassade

Das Kitzinger Rathaus, außen und innen recht prachtvoll, hat eine richtige Schmunzelfassade. Von der Nordwand, beim Turm, schaut das ›Kitzinger Kätherle‹ herunter, an der Nordostecke sieht man die Plastik des ›Kitzinger Häckers‹, und 1924 schuf Richard Rother, der fränkische Holzschneider und Bildhauer, als Schlußstein überm Portal ein fröhlich-ironisches Sinnbild des ewigen Steuerzahlers: Ein Bäuerlein kehrt seine Hosentaschen um und findet keinen Heller mehr für den Fiskus.

Kitzingens Narretei-Türme

Bei so viel Humor am amtlichen Gebäude des Rathauses wundert es dann nicht mehr, daß Kitzingen auch ein besonderes Verhältnis zur Narretei, zu Fastnacht, Fasching und Karneval hat. Seit Jahren ist der ›Falterturm‹ mit seiner schiefen Haube — die Zimmerleute sollen einst zu viel Most getrunken haben — das ›Deutsche Fastnachtsmuseum‹. Neuerdings hat sich sogar der Marktturm zur Verfügung gestellt, um das ›Zentralarchiv des deutschen Karnevals‹ aufzunehmen.

△ Überm Breitbach: Marktbreits Rathaus

△ Iphofens aufwendiges Rathaus

Ein klassisches Kalendermotiv: das Rödelseer Tor in Iphofen ▽

△ Mönchsondheims Kirchenburg-Museum ▽

Ein Türmchen am anderen: Mainbernheims mittelalterlicher Mauerring ▽

Markt Einersheim: Das Rathaus ist gleichzeitig Torhaus der Kirchenburg ▽

Bratwürste ›am laufenden Meter‹
Sulzfeld am Main hat zwei Erfinder: Kurt Hepperlin, Bewohner eines der 21 noch stehenden Wehrtürme, erfand 1969 das Sulzfelder Straßenweinfest, das erste in Franken. Metzgermeister Lorenz Stark, zu Beginn der fünfziger Jahre als Hausmetzger im »Löwen« beschäftigt, heute Wirt in eigener »Ratsstube«, erfand damals im Handumdrehen die ›Meterbratwurst‹: Ein Gast meinte, die Bratwürste schmeckten so gut, daß er sie am liebsten meterweise essen würde. Lorenz Stark hörte dies, ging für eine halbe Stunde in seine Wurstküche und kam mit der ersten Meterbratwurst in der Pfanne zurück. Derzeitiger Rekord sind 5,20 Meter!

Kelterei für 2500 Winzer: ›GWF‹
In Repperndorf bei Kitzingen hat die ›Gebietswinzergenossenschaft Franken‹, kurz ›GWF‹ genannt, ihren Sitz. Sie ist Zentralkellerei für 2500 fränkische Winzer, erfaßt die Trauben von 1500 Hektar Mitgliedsanbaufläche in 80 Weinbaugemeinden und keltert damit über ein Drittel der jährlichen fränkischen Weinmosternte.

Königin Hatschepsut und Iphofen
Wer kennt nicht das Rödelseer Tor in Iphofen? Nicht jeder aber weiß, daß er nicht nach Ägypten fahren muß, um das sechs Meter lange Relief aus dem Totentempel der Königin Hatschepsut zu sehen, sondern es auch im Weinstädtchen Iphofen besichtigen kann. Dazu auch die Gesetzessäule des Hammurabi, Königs von Babylon, und Kunstwerke aus dem alten Griechenland, aus Peru, Honduras und Guatemala. Freilich alles in Abgüssen. Die stehen im ›Knauf-Museum‹ im ehemaligen Rentamt zu Iphofen. Das Museum haben die Besitzer des in Iphofen und Umgebung ansässigen größten Gipswerkes Europas selbst eingerichtet, die Abgüsse an Ort und Stelle vornehmen zu lassen. Die Iphöfer danken dieses Privatmuseum dem Keuper, auf dem ihr guter Wein wächst und der auch abbaufähiges Gipsgestein enthält.

△ Uffenheim: Hinter dem hübschen Erker sperrte das Würzburger Tor den Weg

△ Apotheke im ›Schnellerturm‹, Uffenheims Heimatmuseum

△ Zu Fuß ins ›Bullenheimer Paradies‹, auf dem ›Drahtesel‹ ▽

△ Wein unter wuchtigen Gewölben im Ippesheimer »Schloßkeller«

Umgeben von Obstbäumen: Seinsheim ▽

Das Museum in der Kirchenburg

Im Gemeindegebiet von Iphofen gibt es noch ein zweites Museum von besonderer Art: das ›Handwerker- und Bauernmuseum‹ in der Kirchenburg von Mönchsondheim. Auch hier war private Initiative am Werk. Ein Verein mit hundert Mitgliedern renovierte in sechs fleißigen Jahren die Kirchenburg mit ihren ›Gaden‹, die einst als Vorratskeller dienten. 14 Handwerkerstuben sind in den Gaden nun eingerichtet, auch zeigt man alte bäuerliche Arbeitsweisen, und im ausgedienten Rathaus ist frühere bäuerliche Wohnkultur dargestellt.

Zuflucht beim ›lieben Gott‹

Kirchenburgen gibt es in ganz Europa, viele davon in Franken und davon wieder viele im Mainfränkischen um Iphofen und Uffenheim. Solche mit Mauern und Toren ausgestatteten Kirchenfestungen sind nicht der Ausdruck streit- oder gar kriegslustiger Pfarrer, sondern waren viele Jahrhunderte einzige Zuflucht der offenen, ungeschützten Dörfer beim Herannahen eines Feindes — Zuflucht sozusagen beim ›lieben Gott‹.
Nicht selten trat ein tapferer Pfarrer den Feinden auch mit der Monstranz entgegen: Hier schützt der Herr. Die ›Gaden‹ spielten eine wichtige Rolle, hatte man doch im Notfall gleich die Lebensmittel zur Hand und einen Teil der Ernte in der sichersten Hut, die sich finden ließ.

Lehrreiches ›Paradies‹

Die Stadt Uffenheim, im Bauernland vor der Frankenhöhe gelegen, hat ein Heimatmuseum im ›Schnellerturm‹ der weitgehend erhaltenen Stadtbefestigung. Man muß sich im Verkehrsamt zum Besuch anmelden.
Einer solchen Anmeldung bedarf es in Bullenheim bei Ippesheim nicht. Das dortige ›Museum‹ befindet sich unter freiem Himmel: der Rebsorten-Lehrpfad im ›Bullenheimer Paradies‹. Dem theoretischen Teil kann man ja einen praktischen anschließen, etwa im »Schloßkeller« zu Ippesheim.

Mainstockheim
Albertshofen
Klosterforst
Buchbrunn
Kitzingen
Giltholz
Kleinlangheim
Abtswind
Rüden-hausen
KITZINGEN
K.-Reppern-dorf
K.-Etwashausen
Groß-langheim
Wiesenbronner Höhe
Wiesen-bronn
Schloßkirche
Trautberg
C.-Greuth
Castell
Rö.-Fröhstockheim
K.-Siedlung
K.-Hoheim
Schwanberg
Schl. Schwanberg
C.-Wüsten-felden
Klingen-wald
K.-Sickers-hausen
Rödelsee
Sulzfeld a. Main
Rathaus
K.-Hohen-feld
MAINBERNHEIM
I.-Birklingen
Main
M'st.-Michelfeld
St. Veit
Stadtmauer
IPHOFEN
Schloßberg
Ru. Speckfeld
Ziegenbach
Bibart
M.B.-
MARKT-STEFT
Markt Einersheim
Bruckhof
Großes Mühlholz
Willanzheim
Domherrnmühle
I.-Possenheim
Waldhof
Fricken-hausen a. Main
Segnitz
MARKTBREIT
S.-Tiefenstockheim
I.-Mönch-sondheim
Seehof
Eichen-holz
Hellmitzheim
Obernbreit
Breitbach
Nierenmühle
I.-Dornheim
Rehberg
Fischhof
Marktbreit
W.-Herrnsheim
W.-Hütten-heim i. Bay.
M'br.-Gnodstadt
S.-Iffigheim
Vogelherd
Seinsheim
Tannenbg.
Hart
I.-Nenzenheim
M'h.-Enheim
S.-Wässerndorf
I.-Bullenheim
Kreuterschlag
Limpurger Forst
Mautpyramide
Ickbach
Winkelhof
Kapellbg.
Iffigheimer Bg.
Scheinbg.
Martinsheim
Gemeindemühle
Frankenberg
Su.-Krassolzheim
Ob.-Geißlingen
M'h.-Gnötzheim
Iff
Schl. Frankenberg
M'h.-Unterickelsheim
Ober-ickelsheim
Ippesheim
Kottenheim
Domprobsteiwald
Markt Nordheim
Hohenlandsbg.
Ob.-Rodheim
Goll-hofen
I.-Herrnbercht-heim
W.-Reusch
Ru. Hohenkottenheim
Schl. Seehaus
H.-Gülchsheim
Stellenbg.
Zellesmühle
H.-Lipprichhausen
Gollhofen
Weigenheim
Wüstphül
Untere Mühle
W.-Geckenheim
G.-Gollachostheim
Hemmers-heim
H.-Pfahlenheim
Asbachhof
M.N.-Ulsenheim
M.N.-Herbolzheim
Gollach
UFFENHEIM
Schwarzer Bühl
Uff.-Brackenlohr
Uff.-Uttenhofen
Wildberghof
Bergholz
Kehrenberg
Blauenberg
Simmershofen
Uff.-Rudolzhofen
E.-Seenheim
Gräfholz
S.-Walkershofen
S.-Adelhofen
Uff.-Welbhausen
S.-Auernhofen
S.-Hohlach
Uff.-Wallmersbach
Uffenhm.
E.-Neuherberg
Ergersheim
Weidenhof
Uff.-Custenlohr
Maßstab 1 : 100 000
km

Wo gibt es was?

Fähnchennummer = Textnummer ⓘ = Auskunft

Kitzingen ①

Kitzingen ging aus einem im 8. Jh. gegründeten Benediktinerinnenkloster hervor, war um 1290 schon Stadt, gehörte zum Hochstift Würzburg, vorübergehend auch zur Markgrafschaft Ansbach. Alte Weinhandelsstadt, begünstigt durch einen frühen Brückenbau nach *Etwashausen* (13., 17. und 18. Jh.). Heute Umschlagplatz für in der Umgebung angebautes Gemüse (Spargel!). Pfarrkirche St. Johannes aus dem 15. Jh. Anstelle der einstigen Klosterkirche die evangelische Kirche in feierlich-italienischem Barock (Antonio Petrini, 1686). Großartig das dreistöckige Renaissance-Rathaus von 1563. Ebenso die 1745 fertiggestellte Heilig-Kreuz-Kapelle von Balthasar Neumann in Etwashausen. Im ›Falterturm‹ (1551; Name vom Falltor) das ›Deutsche Fastnachtsmuseum‹ (geöffnet samstag- und sonntagnachmittags Mai bis Oktober), im mittelalterlichen Marktturm das ›Zentralarchiv des deutschen Karnevals‹. Städtisches Museum (geöffnet samstagvormittags April bis Oktober). Sole-Hallenbad, Freibad, Wassersportplatz Main, Freizeitzentrum.
ⓘ Verkehrsamt 8710 Kitzingen.

Sulzfeld am Main ②

Bilderbuch-Weindorf hinter Mauern, 21 Türmen und drei Toren (14./15. Jh.), überragt von der Pfarrkirche St. Sebastian (Chor 1491, Langhaus 17. Jh.) und dem erstaunlich stattlichen Renaissance-Rathaus von 1609. Malerisches Ortsbild mit Fachwerkhäusern, geschmückt mit Hausmadonnen. Zur Weinlage ›Cyriakusberg‹ (Schlacht von 1266) kann man die ›Meterbratwurst‹ essen, die hier im »Löwen« erfunden wurde. Bekanntes Straßenweinfest am ersten August-Wochenende.
ⓘ Gemeindeamt 8711 Sulzfeld.

Marktbreit ③

Der mächtige ›Alte Kranen‹ am Mainufer bezeugt, daß das ummauerte Städtchen (Ursprung 12./13. Jh.) ein historischer Handelsplatz ist, dem Ehrgeiz der Herren von Seinsheim (Schloß von 1580; Verwaltung) und deren Nachfolgern, den Fürsten Schwarzenberg, zu verdanken. Das stattliche Rathaus (um 1580), am Mauerring (16. Jh.) erbaut, bildet mit dem um 1600 errichteten Maintor und dem ›Schwarzen Turm‹ ein herrliches Ensemble. Das Hotel »Zum Löwen«, schon 1450 Fürstenherberge, empfiehlt sich als Bayerns zweitältester Gasthof.
ⓘ Stadtverwaltung 8713 Marktbreit.

Seinsheim ④

Mehr historisch als touristisch interessant als Stammsitz der Herren von Seinsheim, die 1155 mit Eispertus de Sovensheim begannen, Geschichte zu machen. Am Ende der Feudalzeit saßen sie in ihrem Rokoko-Schlößchen Sünching bei Regensburg. Im Ort das Rathaus (17. Jh.) mit erhaltenem Pranger und die Pfarrkirche von 1813.
ⓘ Marktgemeinde 8711 Seinsheim.

Markt Einersheim ⑤

Beherrschend im Ort ist die Kirchenburg (13./14. und 17. Jh.), in die sogar das Rathaus (1568) mit einbezogen ist: als Torhaus. Zwei weitere Torhäuser (17./18. Jh.) ließen einst die alte Reichsstraße von Würzburg nach Nürnberg unter sich hindurch. Guter Fernblick von der nahen Ruine Speckfeld (Schloßberg, 407 m).
ⓘ Gemeinde 8711 Markt Einersheim.

Iphofen ⑥

Einer der bekanntesten und schönsten Weinorte in Mainfranken. Um 750 urkundlich schon erwähnt, bekam Iphofen 1287 Stadtrecht, was seine Mauern aus dem 13. und 14. Jh. und drei mächtige Tore noch heute ausdrücken. Das Rödelseer Tor (15./16. Jh) ist besonders malerisch. Schwerpunkt des weiten Marktplatzes ist das 1718 fertiggestellte Rathaus mit seiner Freitreppe. Noch alle Zeichen der Spätgotik trägt die Pfarrkirche St. Veit (15. und 16. Jh.).
In der imposanten Kirchenburg aus dem 17. Jh. von *Mönchsondheim* ist das ›Fränkische Bauern- und Handwerkermuseum‹ untergebracht (geöffnet nachmittags außer montags März bis November). Die außerhalb Iphofens angesiedelten Gipswerke haben im ehemaligen Rentamt (1693) das ›Knauf-Museum‹ aufgebaut, das Abgüsse antiker Kunstwerke zeigt (geöffnet nachmittags außer sonntags und montags April bis Oktober).
Iphofen erntet seine berühmten Weine an den Hängen des Schwanbergs. Anspruchsvolle Gäste gehen in den schon legendären »Zehntkeller« (ehemaliges Zehntgericht, um 1730), doch bieten alle Iphöfer Wirte guten Wein zur guten, fränkischen Kost. Hallenbad.
ⓘ Stadtverwaltung 8715 Iphofen.

Mainbernheim ⑦

Baulich wohlbewahrtes Städtchen (Stadtrecht 1382) mit einem Bären im Wappen, der den Marktbrunnen (1681) schmückt. Die Kirche, in strengen Barockformen, wurde 1732 gebaut (Ursprung 13. Jh.), Rathaus von 1548. Um das Städtchen zieht sich ein Mauerring aus dem 15. Jh. mit 18 Türmen und zwei Toren. Unter den gutbürgerlichen Gasthöfen wird der »Falken« gelobt.
ⓘ Stadtverwaltung 8711 Mainbernheim.

Rödelsee ⑧

Zu Füßen des weit ins Maintal ragenden Schwanbergs (475 m; vorgeschichtliche Befestigungen und frühmittelalterliche Fliehburg) gelegener, idyllischer Weinort. Die bekannten Lagen gibt es auch beim Weinfest (1. Juliwoche) und bei der Kirchweih (1. Septemberwoche) mit Festzug, Schubkarrenrennen oder Weinfaßrudern. Im ehemaligen Schloß (um 1600) sitzt heute die Winzergenossenschaft. Das Gasthaus »Zum Löwen« war einst Zehnthaus (1648) der Grafen Castell. *Schloß Schwanberg* (16.—18. Jh.; Turmrestaurant) ist heute Bildungsstätte.
ⓘ Gemeindeamt 8711 Rödelsee.

Ippesheim ⑨

Gemütlicher Marktflecken zu Füßen von Weingärten. Bei einer Wanderung durch den Rebsorten-Lehrpfad ›Bullenheimer Paradies‹ erfährt man nicht nur viel vom Weinbau, sondern genießt auch den Fernblick. Man kann auch eine Wanderung durch das Ifftal zu acht Mühlen unternehmen.
Unter wuchtigen Gewölben sitzt man in Ippesheim im historischen »Schloßkeller«; das ehemalige Schloß ist von 1753 (heute Amtsgebäude).
ⓘ Gemeindeamt 8701 Ippesheim.

Uffenheim ⑩

Die fränkische Siedlung (bereits im 6. Jh.) wurde unter den Herren von Hohenlohe 1349 erstmals als Stadt genannt. Die recht gut erhaltene Stadtbefestigung mit Mauern und Türmen wurde bis 1347 errichtet; eindrucksvoll sind das Ansbacher und Würzburger Tor, beide im Kern 14. Jh. Im ›Schnellerturm‹ das Heimatmuseum (geöffnet sonntags Mai bis September). An die alte Herrschaft erinnern noch der Markgrafenbrunnen (1749) vor der modernen Pfarrkirche (1945) und das Schloß (15. und 17. Jh.; heute Behörden). Hallen- und Freibad.
In *Frankenberg* (bei Weigenheim) mit seiner beeindruckenden Burg Vorderfrankenberg (13./14. und 16. Jh.) hat sich ein ehemaliges Amtshaus in die »Schloßstuben Frankenberg« verwandelt, wo es Wein und fränkische Vesper gibt.
ⓘ Verkehrsamt 8704 Uffenheim.

Wo der ›Bundschuh‹ Geschichte gemacht hat

Am südlichen Maindreieck liegen Orte, die durch Wein und Schönheit gleichermaßen bekannt sind. In Sommerhausen lockt das Torturmtheater als kleinstes Theater Deutschlands Zuschauer an. Und im Ochsenfurter Gau spielen die Leute von Giebelstadt in der Ruine des Geyerschlosses (Foto) ein Stück Geschichte: das Ende des ›Bundschuhs‹ im Bauernkrieg von 1525.

△ Seit bald 550 Jahren überspannt die Brücke von Ochsenfurt den Main

Ochsenfurts Hauptstraße ▽

Das Ochsenfurter Rathaus mit seiner Spieluhr ▽

Riemenschneiders Christus in der Auber Pfarrkirche ▽

△ Behaglich-wuchtig der Innenhof mit der Sonnenuhr: Zobelsches Wasserschloß in Giebelstadt

△ Fachwerk, Rathaus und Gasthöfe in Röttingen

Überragt von Burg- und Kirchturm: Aub ▽

Ein Ochsenfurter war des Königs Doppelgänger

Wer darin war und dazu gehörte, mochte das böse Leben draußen toben lassen und ruhig schlafen‹, sagt Ricarda Huch von Ochsenfurt und bescheinigt der Stadt ›unentstelltes Wesen mittelalterlicher Städte, Wehrhaftigkeit und Geborgenheit‹. Wer durch eines der Ochsenfurter Tore hereinkommt, den Marktplatz und die lange Zeile der Hauptstraße mit ihren Fachwerkfassaden sieht, wird zustimmen.
Unter den Wirtshausschildern sieht man auch das des ›Schmieds von Ochsenfurt‹. Mit Namen Hans Stock, soll er den letzten Stauferkönig, den blutjungen Konradin, auf dem Heereszug nach Italien begleitet haben — so will es die Sage. Als Konradin Schlacht und Leben verloren hatte, habe Hans Stock die Reste des Heeres über die Alpen heimgeführt — er sah dem König Konradin zum Verwechseln ähnlich.

Ein Zopf mit 64 Strängen

Der Ochsenfurter Trachtenverein feiert alle Jahre an den Pfingsttagen das ›Bratwurstfest‹. Dazu gehören gutes Essen und Trinken, aber auch die aufwendigen Trachten des Ochsenfurter Gaus. Wer sich auskennt, sieht allerdings, daß die Frauen heute kaum mehr die richtige Haartracht tragen. Die besteht nämlich aus einem Zopf, der bis zu 64 Stränge haben kann! Er wird nicht hängend getragen, sondern aufgesteckt. Noch leben zwei oder drei Bäuerinnen in den Dörfern südlich der Stadt, die sich gegenseitig so ein Meisterwerk der Flechtkunst machen können, wozu einige Stunden und viel Geduld nötig sind.

Als der ›Bundschuh‹ unterging

Im Lanzentürmchen des herrlichen Ochsenfurter Rathauses ist eine Kunstuhr aus dem Jahr 1560 installiert. Ratsherren hören ihrem Bürgermeister zu, zwei Ochsen, die Wappentiere der Stadt, stoßen gegeneinander,

△ Eibelstadt: Nikolauskirche und Mariensäule vor dem Rathaus ▽

△ Frickenhausen: Stadtbild mit Torturm und am Rathaus ▽

Sommerhausen: Über eine steile Treppe ins Torturmtheater ▽

In Sommerhausens Türmen wohnen Künstler

Randersacker um seine Stephanskirche ▽

ein Mädchen zeigt Frankens Wappenbild, und der Tod kehrt das Stundenglas um. Vielleicht hat Meister Hans Syche aus Würzburg, der die Uhr schuf, dabei an den großen Tod des Jahres 1525 gedacht, als auf den sommerlichen Feldern des Ochsenfurter Gaus Tausende von Bauern starben. Bei Giebelstadt endete der erste Massenaufstand der europäischen Geschichte in Blut und Tränen. Ein Traum von mehr Freiheit und Menschenrecht, begonnen unter dem Zeichen des ›Bundschuhs‹, der bäuerlichen Fußbekleidung jener Tage, war untergegangen.

Das Spiel vom Florian Geyer

Die Leute von Giebelstadt spielen heute zur Sommerzeit unter freiem Himmel das historische Bauernfreiheitsspiel ›Florian Geyer‹. Als Bühne dient ihnen dabei die Ruine des Geyerschlosses, des Ende des Bauernkrieges zerstörten Sitzes des Ritters Florian Geyer. Dieser war aus innerer Überzeugung ein Führer der Bauern geworden, nicht ihr Feldherr, eher ihr Berater und Verhandlungsführer, gleich dem Ritter Götz von Berlichingen. Florian Geyer wurde einige Tage nach der Schlacht von Giebelstadt im Gramschatzer Wald meuchlings erschlagen.

Das ›Fränkische Worpswede‹

Zwischen Weinbergen und Main liegt Sommershausen, das sich gern das ›Fränkische Worpswede‹ nennen läßt, weil es gleich dem Dorf bei Bremen eine Künstlerkolonie von Malern, Kunsthandwerkern und Musikern aufweist. Berühmt ist Sommershausens ›Torturmtheater‹ im Würzburger Tor, das mit 52 Sitzplätzen das kleinste Theater Deutschlands.

Gegründet wurde es von dem vielseitig begabten Luigi Malipiero. Er war Schauspieler, Regisseur, Theaterdirektor, Bühnenbildner und Maler zugleich. Der jetzige ›Prinzipal‹, Veit Relin, steht Malipiero an Vielseitigkeit der Begabung nicht nach — ein ebenso leidenschaftlicher Theatermann.

Würzburg
Thüngersheim
Güntersleben
Rimpar
Veitshöchheim
Erlabrunn
Margetshöchheim
Zell a. Main
Greußenheim
Hettstadt
Waldbüttelbrunn
Höchberg
Waldbrunn
Eisingen
Kist
Reichenberg
Rottendorf
Gerbrunn
Randersacker
Theilheim
Dettelbach
Kitzingen
Buchbrunn
Mainstockheim
Albertshofen
Eibelstadt
Winterhausen
Sommerhausen
Sulzfeld
Marktsteft
Marktbreit
Frickenhausen
Ochsenfurt
Kleinrinderfeld
Geroldshausen
Kirchheim
Giebelstadt
Gaukönigshofen
Wittighausen
Bütthard
Röttingen
Bad Mergentheim
Weikersheim
Aub
Simmershofen
Martinsheim
Gnodstadt
Obernbreit
Romantische Straße
Tauber
Main
Maßstab 1 : 150 000
km

Wo gibt es was?

Fähnchennummer = Textnummer 🛈 = Auskunft

Randersacker ①

Mit der Stadt Würzburg fast schon zusammengewachsene berühmte Winzergemeinde, die ihren Weinbau urkundlich schon 779 nachweisen kann; das Marktrecht stammt von 1451. Schöne alte Häuser des 16. bis 18. Jh. um die befestigte, spätromanische Stephanskirche. Mehrere gute Gasthöfe, wie etwa der gemütliche »Spielberg«.
🛈 Marktverwaltung 8701 Randersacker.

Eibelstadt ②

Kaiser Sigismund verlieh 1434 Eibelstadt das Stadtrecht, als Dank für Hilfe im Hussitenkrieg. Die damals entstandene Befestigung hat sich mit 14 Türmen und Toren fast vollständig erhalten. An den Turm der spätgotischen St. Nikolauskirche (1480—1525) klammert sich ein schlankes Treppentürmchen. Im Türmchen des barocken Rathauses (1706) wird noch heute das ›Steuerglöcklein‹ geläutet. Am Marktplatz die Mariensäule (1660), am Heumarkt eine Sebastianssäule (Peter Wagner, 1773). Zwei Straßenweinfeste gibt es jedes Jahr (Juni und Juli). Das »Roß« in der Hauptstraße hat für die Pflege einheimischer Küche schon Auszeichnungen erhalten.
🛈 Verkehrsamt 8701 Eibelstadt.

Winterhausen ③

Mit Sommerhausen über eine moderne Mainbrücke verbundener Markt mit schönem Rokoko-Rathaus von 1738. In der Pfarrkirche St. Nikolaus (Chorturm 13. Jh., Langhaus 1497) am barocken Hochaltar gute spätgotische Schnitzwerke (Kreuzigung und Abendmahl).

Sommerhausen ④

Der rund 700 Jahre alte Marktflecken mit seinen Türmen und Toren aus dem 15. und 16. Jh. läßt sich heute gern das ›Fränkische Worpswede‹ nennen, da sich hier, teilweise in den alten Türmen, Künstler niedergelassen haben. Geradezu weltbekannt ist das ›Torturmtheater‹, untergebracht im Würzburger Tor. Neben dem Theaterchen eröffnet 1985 noch eine Kleinkunstbühne. Sommerhausens ›gute Stube‹ ist der ›Plan‹ mit dem Fachwerkbau der ›Alten Eich‹ (ehemaliges Eichamt) und dem Geburtshaus des ersten deutschen Amerika-Aussiedlers Franz Daniel Pastorius. Das stattliche Rathaus von 1558 stammt aus der Blütezeit des Ortes, das ehemalige Schloß, hauptsächlich 16. Jh., soll 1985 als Hotel und Restaurant umgebaut sein. Gut Übernachten ist im »Ritter Jörg« und im »Weinkrug«, bekannte Weinstuben sind »Unkel« und »Düll«. Wildfreigehege.
🛈 Marktverwaltung 8701 Sommerhausen.

Ochsenfurt ⑤

Die Stadt ist Mittelpunkt des fruchtbaren ›Ochsenfurter Gaus‹ (Getreide, Zuckerrüben). 725 gründete der heilige Bonifatius hier ein Nonnenkloster. Der Ort konnte sich dank einer Furt und seit dem 13. Jh. einer Brücke (ab 1512 in Stein gebaut) unter der Herrschaft des Würzburger Domkapitels (ab 1295) gut entwickeln und zeigt sich heute noch mit Türmen, Toren, Mauerwerk (überwiegend 16. Jh.) und schönen Fachwerkhäusern als gut erhaltenes Bild einer mainfränkischen Stadt. Das ›Neue Rathaus‹ (1497—1513; im Uhrtürmchen originelles Spielwerk von Hans Syche, 1560) ist mit seiner Freitreppe Krönung der Marktstraße. In der Pfarrkirche St. Andreas (Turm 13. Jh., Kirche 14. Jh.) mit schöner Ausstattung, vor allem der heilige Nikolaus (Tilman Riemenschneider, um 1510). Spitalkirche (um 1500) mit gutem Tympanon im Westportal (›Liebeswerke der heiligen Elisabeth‹, um 1440). Heimatmuseum im ›Schlößchen‹ (15. Jh.), Trachtenmuseum im ›Greisinghaus‹ von 1717 (Besichtigung bei Stadtführungen). In *Tückelhausen* ehemaliges, um 1140 gegründetes Kartäuserkloster mit wertvoller Barockausstattung der Würzburger Hofkünstlerfamilie van der Auvera in der Kirche (überwiegend 14. und 17. Jh.). Über Pfingsten das ›Bratwurstfest‹ mit Pfingstritt (am Pfingstmontag zur Wolfgangskapelle). Frei- und Hallenbad, Bootshafen und Personenschifffhrt. Gute Gastronomie, vor allem im »Bären«, »Schmied von Ochsenfurt« und »Kauzen-Hof«.
🛈 Verkehrsamt 8703 Ochsenfurt.

Frickenhausen ⑥

Eine Art ›Schönheitskönigin‹ unter den Märkten und Dörfern ›Weinfrankens‹, in den letzten Jahren liebevoll restauriert. Die Pfarrkirche St. Gallus (um 1515 und um 1615) hat prächtige Renaissance-Altäre Georg Brencks (um 1620). Das Rathaus (1480) glänzt mit einer Freitreppe, davor steht eine der schönsten Mariensäulen (1710) Frankens. Über den Weinbergen die barokke Valentinskapelle (1699), am Ende einer gepflasterten Steige. Die Mauern und die vier Tore der Ortsbefestigung aus dem 15. und 16. Jh. sind ohne Unterbrechung erhalten. Großen Zulauf hat die »Fränkische Weinstube« in einem alten Fachwerkhaus. In den Gebäuden einer ehemals fürstbischöflichen Kellerei hat sich das Weingut und Hotel »Meintzinger« eingerichtet, ein Haus mit großem Komfort.
🛈 Marktgemeinde 8701 Frickenhausen.

Giebelstadt ⑦

Der Marktflecken im ›Ochsenfurter Gau‹ bietet im Juli (doch nicht alle Jahre) vor der Ruine des Geyerschlosses (16. Jh.) das Freilichtspiel ›Florian Geyer‹ (130 Mitwirkende). Sehenswert auch das Wasserschloß der Herren von Zobel aus dem 16. Jh.(Privatbesitz).
🛈 Gemeindeamt 8701 Giebelstadt.

Gaukönigshofen ⑧

Sehenswert die 1730 geweihte Barockkirche, nach Plänen von Balthasar Neumann mit Stuckmarmor-Hochaltar (Ferdinand Tietz, 1743) und Deckengemälde (›Engelssturz‹, Johann Andreas Urlaub, 1777).

Aub ⑨

Idyllisches, teilweise noch ummauertes Städtchen im Gollachtal (Naturschutzgebiet). Stadtrecht seit 1404, Befestigungen im 15. und 16. Jh. Malerisch der ansteigende Marktplatz mit Mariensäule (1732) und Brunnen. In der Pfarrkirche Mariä Himmelfahrt (13. und 17. Jh.) eine Kreuzigungsgruppe (um 1515) Tilman Riemenschneiders, eines seiner persönlichsten Werke. Ehemalige Burg der Truchsesse von Baldersheim und späteres Fürstbischöfliches Schloß (15. Jh. und um 1630; keine Innenbesichtigung).
Auf dem Altenberg bei *Burgerroth* die romanische Chorturmkirche St. Kunigund (um 1200) mit mystischen Steinplastiken. Im August Kirchweih mit Schäfflertanz und Trachtenzug. Freibad.
🛈 Städtisches Verkehrsamt 8701 Aub.

Röttingen ⑩

›Europastadt‹ im Taubertal an der ›Romantischen Straße‹, Stadtrecht seit 1336. Gekrönt von der seit ihrer Gründung im 13. Jh. immer wieder den Erfordernissen angepaßten Burg Brattenstein (zur Zeit Restaurierungen), in deren Hof Freilichtspiele stattfinden. Stattliches Rathaus von 1750, viele Fachwerkhäuser und weitgehend erhaltene Stadtbefestigung (13.—15. Jh.). Gauvolksfest mit viel Tracht im August, ›Bremserfest‹ im Oktober. Radwandern, Bootsfahrten auf der Tauber, Waldlehrpfad.
🛈 Stadtverwaltung 8701 Röttingen.

Würzburg, Hauptstadt Main- und Weinfrankens

Tausend Jahre regierten in Mainfrankens Hauptstadt die Fürstbischöfe, deren politisch bedeutendster Kopf Julius Echter von Mespelbrunn gewesen ist. Der Stifter des berühmten ›Juliusspitals‹ konnte mit Hilfe seiner Weinkeller (Foto) wohltätig gegenüber sozial Schwachen sein.

26
Am Main Am Main
da wachsen unsere Reben

△ An Würzburgs Neumünster: Kreuzgangrest im ›Lusamgärtlein‹

△ Gotik und Barock: Marienkapelle und ›Haus zum Falken‹

Vor der Residenz: der Frankoniabrunnen ▽

△ Am Kranenkai der Alten Kranen von 1733

△ In der barocken Residenz: Treppenhaus . . .

. . . und Kaisersaal ▽

Überragt das Häusermeer: der viertürmige romanische Dom ▽

In Würzburg hielt Kaiser ›Rotbart‹ einst Hochzeit

Die Stauferkaiser hielten viel von Würzburg, luden in die schon damals verkehrsmäßig günstig gelegene Stadt zu Reichs- und Hoftagen ein. Der erste Stauferkönig Konrad III. tagte im 12. Jahrhundert siebzehnmal in Würzburg. Sein Neffe und Nachfolger Friedrich Barbarossa heiratete hier 1156 seine zweite Gemahlin, Beatrix, Erbin von Burgund.

›Europas schönster Pfarrhof‹

In der Würzburger Residenz, die Napoleon als den ›schönsten Pfaffenhof Europas‹ bezeichnete, ist die Hochzeit des ›Kaisers Rotbart lobesam‹ abgebildet. Ins Gewölbe des ›Kaisersaales‹ malte der Venezianer Giovanni Battista Tiepolo vor gut 200 Jahren zwei Fresken dieses Ereignisses: Kein Geringerer als Gott Apoll führt Barbarossa die Braut zu, und nicht in der kaiserlichen Hofkutsche, nein, gleich im göttlichen Sonnenwagen, von weißen Rössern gezogen. Das dritte Fresko im Kaisersaal schildert einen weiteren Staatsakt Barbarossas in Würzburg: die Bestätigung der fränkischen Herzogswürde an den Würzburger Fürstbischof im Jahr 1168. Seit diesem Jahr trug man dem Bischof bei festlichen Anlässen immer das Herzogsschwert voraus.

Des Minnesängers Grab

An die zwanzig Orte in Europa halten sich für den Geburtsort des Minnesängers Walther von der Vogelweide. Keinem davon kann bisher die Forschung den Zuschlag geben. Hingegen steht Würzburgs ›Lusamgärtlein‹, der einstige ›Grashof‹ des Kreuzgangs im Neumünsterstift, mit ziemlicher Sicherheit als des Sängers letzte Ruhestätte fest. Zwei Urkunden, freilich auch nicht aus seiner Lebenszeit, bestätigen, daß Walther von der Vogelweide um 1230 in Würzburg gestorben und unter einem Baum im Kreuzgang des Neumünsters begraben worden ist.

△ Die mit barocken Heiligenstatuen geschmückte Alte Mainbrücke führt hinüber zur Festung Marienberg

Festung: Brunnenhaus, Marienkirche und Bergfried ▽

△ Mainfränkisches Museum in der Festung: eine alte Winzerstube aus Sulzfeld und die Kelterhalle ▽

›Trauernde Maria aus Acholzhausen‹ im Riemenschneidersaal ▽

△ Festung Marienberg: Blick aus dem Echtertor auf Scherenbergtor und Kiliansturm

Das ›Käppele‹ ▽

Eine der Urkunden erzählt auch von einer Legende, derzufolge nach des Sängers Wunsch an seinem Grab den Vögeln Futter gestreut werden soll. Heute erinnert ein Steinblock an den großen Sänger und Dichter des Mittelalters.

In Mainfrankens Schatzkammer

Außer der barocken Residenz und dem romanischen Dom ist die Festung Marienberg die dritte große Sehenswürdigkeit Würzburgs. Dies vor allem wegen des dort untergebrachten ›Mainfränkischen Museums‹, einer einzigen großen Schatzkammer. Vom vorgeschichtlichen, nur 18 Zentimeter langen, rund 3000 Jahre alten Kultwagen bis zu den wuchtigen Exponaten der Kelterhalle, in der manche großartige Weinprobe gefeiert wird, zeigt diese Sammlung alle Epochen mainfränkischer Kultur. Höhepunkt ist sicher für die meisten Besucher der Riemenschneidersaal.

Frankens großer Bildhauer

Von der Fülle und der Originalität seines Werkes her hat ganz Franken keinen größeren Bildhauer als Tilman Riemenschneider. Im Harz wurde er um 1460 geboren, kam 1483 nach Würzburg, erheiratete sich 1485 ein Haus und das Bürgerrecht, mußte noch weitere dreimal heiraten, um es zum Ratsherrn und Bürgermeister Würzburgs zu bringen. Nach dem Ende des Bauernkriegs wurde er 1525 wochenlang eingesperrt und der Hälfte seines Vermögens beraubt, weil er mit den Bürgern der Stadt die Partei der Bauern ergriffen hatte. Als er aus der Haft entlassen wurde, war er ein gebrochener Mann. 1531 starb der große und wohl letzte Künstler der Gotik.

Die ›Hätzfelder Flößerzunft‹

Am linken Mainufer liegt Würzburgs Stadtteil Heidingsfeld, von den Einheimischen ›Hätzfeld‹ genannt. In einem Turm der alten Stadtmauer, im ›Döhle‹, trifft sich die Künstlervereinigung der ›Hätzfelder Flößerzunft‹, deren bedeutendstes Mitglied der Holzschneider und Bildhauer Richard Rother (1890—1981) gewesen ist.

△ Eine stimmungsvolle Kulisse für das Mozartfest ist die Residenz

Im Garten des ›Juliusspitals‹ steht der barocke Vierflüssebrunnen von 1706 ▽

△ Wein im Hof des ›Bürgerspitals‹ . . .

. . . und im »Stachel« ▽

△ Das ›Juliusspital‹ dient bis heute als Krankenhaus und Altersheim; hier der barocke Fürstenbau

△ Die Trinkstube des ›Juliusspitals‹

Durch den ›Würzburger Stein‹ schlängelt sich ein Weinlehrpfad ▽

Weinsegen bringt Geld für Würzburger Spitale

Zwei große Spitale, Stiftungen für Arme, Alte und Kranke, hat Würzburg. Das ›Bürgerspital zum Heiligen Geist‹ wurde 1319 von Johann von Steren gestiftet und das ›Juliusspital‹ 1576 von Fürstbischof Julius Echter von Mespelbrunn. Letzteres wurde in den folgenden zwei Jahrhunderten das größte Spital im damaligen Deutschland.
Heute wie damals wird die Wohltätigkeit dieser Stifte in erster Linie vom Wein finanziert. Beide Spitale gehören zu den vier größten deutschen Weingütern. Und so kann sich der Gast in den Trinkstuben der beiden Institute durchaus als Wohltäter seiner selbst und der Insassen der Spitale fühlen.

Wie es zum ›Schorlemorle‹ kam

In Würzburg soll das ›Schorlemorle‹ entstanden sein, wenn dieses Wein-Mineralwasser-Gemisch auch in keiner guten Weinstube Würzburgs gern (oder überhaupt) angeboten wird. Die Würzburger schüttelten sich schon damals vor Entsetzen, als zur Napoleonzeit der französische Militärgouverneur Charles Augereau alias Herzog von Castiglione seinen Würzburger Wein mit Wasser vermischte, das er aus Niederselters herbeischaffen ließ. Ehe er von dieser — für Würzburger unvereinbaren — Mischung trank, ließ er jeweils die Liebe hochleben: ›Toujours l'amour.‹ Die Würzburger verstanden den Sinn nicht und erzählten: ›Der trinkt immer ein Schurlmur, furchtbar!‹

Und doch lieben sie das Wasser

Das ›Schorle‹ wird, wie gesagt, in den Würzburger Weinstuben mitunter nur getrennt serviert, da es der Kellner ablehnt, den Wein mit eigener Hand zu verderben. Doch mit dem Wasser haben es die Würzburger schon: Hätten sie sonst mit dem ›SV Würzburg 05‹ einen der größten Schwimmvereine in Europa?

Ständerbühlstr.
Sportplatz Bereitschaftspolizei
Mainau-
Veitshöchheimer Str.
Alter Hafen
Frankenhalle
Hauptbahnhof
Hauptpostamt
Bismarckstraße
Bahnhof Pl.
Haugerglacisstr.
Rimparer Str.
GROMBÜHL
Grombühlstr.
Auverastr.
Petrini-Pl.
Wagner-Pl.
St.-Thomas-K.
St.-Josef-K.
Frauenklinik u. Poliklinik
Luitpoldkrankenhaus
Europastern
Nürnberger Straße
19
Rotenhanstr.
Maillingerstr.
Fasbenderstr.
Zollamt
Fernheizwk.
Röntgenring
Haugerring
Kaiserstr.
Universitäts-Inst.
Pleicherwall
Pleicher-kirch-Pl.
Med. Poliklinik
Juliusspital
Barbarossa-Pl.
Stift Haug
Heinestr.
Berliner Pl.
Schweinfurter Str.
Innere Aumühlstr.
Straße 8
Weißenburgstr.
Luitpoldstr.
Friedensstr.
Dreikronenstr.
Viehmarkt-Pl.
Bakt. Inst.
Inst. f. Silicatforschung
Friedrichstr.
Juliuspromenade
Schönbornstr.
Theaterstr.
Semmelstraße
Kartause
Fin.-Amt
Schürer-
Beethovenstr.
Friedhof
Barbarastr.
St.-Barbara-K.
ZELLERAU
Frankfurter Str.
Don Bosco K.
Städt. Hallenbad u. Freibad Zellerau
Alter Kranen
Main
Mainkai
Marktkirche
Neumünster
Kilians-Pl.
Dominik-Pl.
Kloster
Bürgerspital
Stadttheater
Oeggstr.
Klinik
Hochschule f. Musik
Hofstr.
St. Joh.-K.
Husarenstr.
Rennweg
Lutherstr.
Annastr.
Missionsärztliches Institut u. Klinik
Priesterseminar
Mariannhillstr.
Rottendorfer Str.
Salvatorstr.
Zeller Str.
Teufelsschanze
Tellsteige
Alte Mainbrücke
Rathaus
Dom
Domstr.
Residenz
Hofgarten
Rennweg
Ringpark
Mönchbergstr.
Seelbg.-str.
Erzherzog-Karl-Pl.
Straße
Höchberger Str.
27 8
Ob.-Burgweg
St. Burkard
Saalgasse
Oberer Mainkai
Büttnerstr.
Augustinerstr.
Franziskanerpl.
Alteinl.
Reg. von Unterfrank.
ALTSTADT
Kilianeum
IHK
Justizgeb.
Valentin-Becker-Str.
Vogelweiderstr.
Gerbrunner Weg
Mainfränk. Mus.
Festung Marienberg
Kühbach
Leistenstraße
8
Riemenschneiderstr.
Göbelslehenstr.
Seinsheimstr.
Zwerchgraben
Städt. Berufssch. mit Kunst- u. Handwerkersch.
Mergentheimer Str.
Ludwigsbr.
Nikolausstr.
Sanderglacisstr.
Friedrichstr.
Sieboldstr.
Schillerstr.
Weg zur Neuen Welt
Leutfresserweg
Käppele
Spittelbg.-W.
Maas-
Schwimm-zentr.
Ludwigkai
Städt. Hallenbad am Sanderrasen
Franz-Ludwig-Str.
St.-Adalbero
Fichtestr.
Kantstraße
Erthalstr.
Zeppelinstr.
Frauenland-Pl.
Wittelsbacherstr.
Landw. Kreisberufs-Sch.
Albert-
Günterstr.
Johannisweg
Eichendorffstr.
Alten-heim St. Nikolaus
Altersheim „St. Thekla"
Sonnenstr.
Keesburgstr.
Gegenbaurstr.
Schellingstr.
FRAUENLAND
König-Ludwig-Hs.
Walther-von-der-Vogelweide-Str.
Trautenauer Str.

Maßstab 1 : 100 000
km
351
Erlabrunn
Edelmannswald
Ru. Ravensburg
27
V.-Gadheim
Rimpar
Schloß
96
302
Est.
Mühlhausen
273
Würzburg/Estenfeld
Kürnach
Veitsmühle
R.-Maidbronn
Steinhaugshof
Margetshöchheim
Veitshöchheim
Herrnmühle
WÜ.-VERSBACH
Hart
Hundsfeld
Kühruh
Kreut
Gartensiedlung
WÜ.-OBER-DÜRRBACH
Estenfeld
U 3
U 68
19
WÜ.-LENGFELD
Heiligenholz
R.-Rothof
7
Obere Warte
Zell a. Main
WÜ.-UNTER-
WÜ.-GROMBÜHL
Hettstadt
Hettstadterhof
Main
Kloster Oberzell
Pilziggrund
316
D.-Effeldorf
E 70
10
Kieshof
Waldbüttelbrunn
8
Festung Marienberg
Dom
Residenz
WÜ.-HEIMGARTEN
U 26
U 99
Rottendorf
WÜ.-MÖNCHBERG
U 3
Frankenwarte
WÜ. JUDENBÜHL
Käppele
WÜ.-GARTENSTADT
Gerbrunn
Neuhof
U 15
Lödebg.
313
Höchberg
WÜ.-STEINBACHTAL
WÜRZBURG
Gieshügel
U 68
Gieshügler Höhe
343
Rottendf.
2
Eisingen
U 95
WÜ.-HEIDINGSFELD
U 97
U 95
Randersacker
Theilheim
E 5
Büchelberg
U 32
U 91
U 30
U 26
19 a
U 99
Biebelried
Würzburg/Kist
3
Würzburg-Heidingsfeld
„Würzburg"
Tann
U 28
Bie.-Westheim
12
Würzburger Stadtwald
Vogelshof
9
Kist
Reichenberg
Ru. Guttenbg.
27
78
Heuchelhof
Würzburg-Randersacker
Ra.-Lindelbach
60
Bie.-Kaltensondheim
70

Wo gibt es was?

ⓘ = Auskunft

Würzburg

Die Stadt ist politischer, wirtschaftlicher (Mainhafen) und geistlich-kultureller (Bischofssitz seit 742, Universität seit 1582) Mittelpunkt Unterfrankens. Nach der fast völligen Zerstörung 1945 ist heute der Wiederaufbau weitgehend beendet. Historischer Ursprung waren eine keltische Fliehburg (um 1000 v. Chr.) auf dem Marienberg und ein Fischerdorf am Mainufer. Um 650 gab es am rechten Mainufer einen fränkischen Herzogssitz, 704 wurde das ›castellum virteburch‹ urkundlich genannt, 742 vom heiligen Bonifatius das Bistum gegründet. Erster Dombau 788 geweiht, über dem Grab des heiligen Kilian, der 689 zusammen mit seinen irischen Glaubensbrüdern Kolonat und Totnan den Märtyrertod erlitten hatte. 1030 ging die Stadt aus der Hand des Königs in die des Bischofs über. 1201 Gründung der Marienburg. 1483 zog der Bildhauer Tilman Riemenschneider (um 1460—1531) in die Stadt. Bedeutendster Fürstbischof ist Julius Echter von Mespelbrunn (1573—1617). Unter den Schönborn-Fürstbischöfen Philipp Franz (1719—1724) und Friedrich Karl (1729—1746) baute Balthasar Neumann (1687—1753) das barocke Würzburg mit der Residenz. 1802 Auflösung des Fürstbistums, das 1814 endgültig an Bayern kam. Die Universität erlangt Weltruhm durch bedeutende Lehrer, wie Wilhelm Conrad Röntgen, der hier 1895 die nach ihm benannten Strahlen entdeckt.

Die Altstadt am rechten Ufer

Bürgerlicher Mittelpunkt ist der Markt in der Fußgängerzone, mit der spätgotischen Marienkapelle (1377—1481, Grab Balthasar Neumanns, am Portal Nachbildungen von Tilman Riemenschneiders ›Adam und Eva‹). Nahe dem Markt das Rathaus mit dem ›Grafeneckart‹ als Kern (Turm romanisch, seit 1316 Rathaus), davor der barocke ›Vierröhrenbrunnen‹ (1766). Neben der Marienkapelle das ›Haus zum Falken‹ mit dem üppigen Rokokostuck von 1752. Der Dom ist die viertgrößte romanische Kirche Deutschlands (um 1040 bis 1237, 1945 ausgebrannt; Äußeres in alter Form, Inneres größtenteils modern wiederaufgebaut); bedeutende Grabmale, besondes das des Fürstbischofs Rudolf von Scherenberg (gestorben 1495, Tilman Riemenschneider; in der barocken Schönbornkapelle von 1724 die Gräber der Schönborn-Bischöfe). Das Neumünster ist eine romanische Basilika (11. Jh.), die 1710 bis 1716 ihre mächtige Kuppel und die Barockfassade erhalten hat; angebaut das ›Lusamgärtlein‹ mit dem Grab Walthers von der Vogelweide. In monumentalem Barock die 1691 fertiggestellte Kirche des Stiftes Haug.
Weltberühmt Balthasar Neumanns Fürstbischöfliche Residenz auf weitem Platz (›Frankoniabrunnen‹, 19. Jh.) und vor dem barocken Hofgarten gelegen. Architektonische Höhepunkte der Residenz sind das Treppenhaus mit dem Deckengemälde Giovanni B. Tiepolos (1753) und der Kaisersaal, ebenfalls mit Fresken Tiepolos. Von Tiepolo stammen auch die Seitenaltar-Gemälde (1752) der Hofkirche im Südflügel.

Auf der linken Mainseite

Schönster Übergang zum linken Ufer ist die Alte Mainbrücke, erbaut 1473 bis 1543 (Heiligenstatuen um 1730). Aus Weingärten erhebt sich die Festung Marienberg, gegründet 1201 (aus dieser Zeit der Bergfried). Residenz der Fürstbischöfe von 1253 bis 1719. Die runde Marienkirche geht auf das Jahr 706 zurück. Scherenbergtor von 1482. Umbau in ein Renaissanceschloß und Anlage der ›Julius-Echter-Bastei‹ um 1600. Nach 1631 (Eroberung durch Gustaf Adolf) Ausbau als Barockfestung und Anlage des Fürstengartens. Heute Sitz des ›Mainfränkischen Museums‹. Auf dem Hügel gegenüber die Marienwallfahrtskirche ›Käppele‹ (Balthasar Neumann, ab 1748; Fresken von Matthäus Günther). Am Mainufer die St. Burkard-Kirche (Ursprung 11. Jh.; häufig umgebaut). Daneben das klassizistische ehemalige Frauenzuchthaus (1810; Jugendherberge im Umbau).
Mainabwärts, in der *Zellerau*, das 1231 gegründete Kloster Himmelpforten mit Kirche und Kreuzgang jener Zeit. Im Stadtteil *Heidingsfeld* sind Teile der Stadtmauer erhalten.

Museen und Sammlungen

Mainfränkisches Museum im ehemaligen Zeughaus der Festung Marienberg mit Tilman-Riemenschneider-Saal (täglich geöffnet). Martin-von-Wagner-Museum im Südflügel der Residenz (Antiken, Gemälde, Grafik; täglich außer montags geöffnet). Städtische Galerie am Paradeplatz (täglich außer montags geöffnet). Fürstbischöfliche Residenz und Festung Marienberg (jeweils montags keine Führung).

Feste und Freizeitspaß

Vor allem das ›Mozartfest‹ (Juni) mit Konzerten in der Residenz und im Hofgarten; im Juli das Kiliani-Volksfest; Stadtfest und Winzerfest September/Oktober. Adventskonzerte und ›Christkindlesmarkt‹. Oper, Operette, Schauspiel im Stadttheater; Philharmonisches Orchester.
Freizeitspaß in drei Frei- und sechs Hallenbädern, ›Mainland-Freizeitbad‹ in Höchberg, Tennis (70 Frei- und Hallenplätze), Wasserski, zwei Reithallen, Kunsteisbahn.
Personenschiffahrt auf dem Main mit Ausflügen zu bekannten Weinorten.

Essen und (Wein-)Trinken

Würzburg, Metropole Mainfrankens, ist auch die ›Hauptstadt Weinfrankens‹, Mittelpunkt des Frankenweins. Hier gibt es die drei Großweingüter ›Staatlicher Hofkeller‹, ›Juliusspital‹ und ›Bürgerspital‹ und die beiden berühmten Lagen ›Würzburger Stein‹ und ›Würzburger Leiste‹, wobei der ›Stein‹ der älteste Lagenname für einen Wein ist. Würzburger und andere Frankenweine bekommt man praktisch in jeder Gaststätte der Stadt. Die vier bekanntesten Weinlokale sind die Trinkstuben des ›Bürgerspitals zum Heiligen Geist‹ (1371; in der Spitalkirche Grabmal des Stifters), und des ›Juliusspitals‹ (1580 und 1700) sowie die »Hofkellerei-Weinstuben« bei der Residenz und das »Weinhaus zum Stachel« mit schönem Hof, 1413 gegründet und somit das älteste Weinhaus der Stadt. Man trinkt den Wein auch gern — bei mitgebrachter Brotzeit — beim ›Bäcken‹, wo man auch gleich frisches Brot, Teller und Besteck erhält, etwa beim »Maulaffenbäck‹. Es gibt Frankenwein-Seminare und den Spaziergang auf dem ›Stein-Wein-Pfad‹ (Wein-Informationen bei ›Gebietsweinwerbung Frankenwein — Frankenland e.V.‹, Postfach 5848, 8700 Würzburg 1).
Eine Würzburger Spezialität sind auch die ›Meefischli‹, kleine Weißfische in Mehl paniert und gebacken: Man ißt sie schüsselweise und im Ganzen. Berühmt für diese schon rar gewordene Speise ist das »Fisch- und Weinhaus Schiffbäuerin« (Katzengasse 7, linke Mainseite). Zum ›Shopping‹ empfiehlt sich das Viertel um Markt, Julius-Promenade, Semmel- und Theaterstraße. In diesem Bereich findet man auch so allgemein gelobte Gasthöfe wie das »Hotel Strauß« (mit dem Restaurant »Würtzburg«), die internationale Küche im »Goldenen Faß« und die fränkische Urgemütlichkeit der »Stadt Mainz«. Gute Aussicht auf die Stadt hat man von den Räumen der »Burggaststätten« auf der Festung Marienberg.
ⓘ Fremdenverkehrsamt Haus zum Falken am Markt, 8700 Würzburg.

Sommerresidenzen zwischen Main und Wern

Ein Stück [illegible] der Garten [illegible] höchheim [illegible] allem durch [illegible] gurenschmuck [illegible] das fränkische [illegible] dem großen Fluß Main [illegible] kleinen Wässerlein Wern [illegible] weitgehend normale Natur [illegible] der auch die beiden weiteren fürstbischöflichen Schlösser Werneck und Rimpar liegen.

△ Schöne Figuren im Schloßpark von Veitshöchheim

Das Kloster Oberzell ▽

△ Thüngersheim am Hinteren Graben

Karlstadts Rathaus ▽

Karlstadt: die ›Voite von Rieneck‹ in der Andreaskirche ▽

Altes Karlstadt in der Maingasse; im Hintergrund die Karlburg

Steinerne Weltkomödie in Veitshöchheim

Drei Würzburger Fürstbischöfe, vor allem Adam Friedrich von Seinsheim, haben in Veitshöchheim an einem der schönsten, sicher am originellsten Rokokogarten Europas arbeiten lassen. In grünen Grotten, um blumenbestickte Rondelle und vor chinesischen Tempelchen stehen allein an die 200 vom Bildhauer Ferdinand Tietz geschaffene Figuren. Diese Pracht wird gekrönt vom Musenhügel des Parnaß, der mitten in den ›Großen See‹ gestellt ist, ganz oben bäumt sich der Pegasus auf, das Roß der Dichter. Ehe die Welt absolutistischer Kirchenfürsten unterging, ließ hier einer ihrer letzten eine Welt-Komödie aus Stein aufstellen.

Karlstadts bedeutende Männer
Wer in der Rieneckerkapelle der Andreaskirche zu Karlstadt die Ritterfiguren der hier steinern versammelten ›Voite von Rieneck‹ gesehen hat, ist schon mit einigen bedeutenden Männern bekannt gemacht. Hat der Besucher dann gar einen Tausendmarkschein in der Tasche, kann er einen weiteren großen Karlstädter ›wechseln‹ lassen: den Naturwissenschaftler Johann Schöner. Schöner hatte vor rund 450 Jahren die Forschungen des Regiomontanus und des Kopernikus weitergeführt; sein Bild (von Lukas Cranach) ziert den so selten zu sehenden Geldschein. Aus Karlstadt stammt auch der Barbierssohn Johann Rudolph Glauber, der im 17. Jahrhundert während eines unruhigen Lebens heutigen chemischen Technologien die Grundlage schuf. Nach ihm ist auch das ›Glaubersalz‹ benannt.

Rimpars ›Michael Kohlhaas‹
Das Grumbach-Schloß Rimpar erinnert auch an den Reichsritter Wilhelm von Grumbach. Er soll 1525 am Ende des Bauernkrieges den Mord an seinem Schwager, dem bauernfreundlichen Ritter Florian Geyer, im

△ Ausflugsziel »Waldhaus Einsiedel«

Das Schloß der Herren von Thüngen ▽

△ Das schöne Grumbachsche Schloß in Rimpar und das prachtvolle Barockschloß in Werneck ▽

△ Wallfahrtskirche und Kloster Fährbrück

△ Arnstein: Ort und ›Seeschlacht von Lepanto‹ in der Wallfahrtskirche ▽

nahen Gramschatzer Wald veranlaßt haben. Wegen nicht gerade bedeutender Streitfälle mit dem Würzburger Hochstift, in denen er im Grunde im Recht war, dieses aber nicht bekommen konnte, setzte er sich mit Gewalt zur Wehr. Er schuf die berüchtigten ›Grumbacher Händel‹, geriet in Reichsacht und wurde 1567 in Gotha mit dem Schwert hingerichtet. Das Ende eines ›Michael Kohlhaas‹ aus Franken.

Die Thüngen und die Hutten

Zwei alte Adelsfamilien sind mit dem Werntal verbunden. In Thüngen ist das Stammschloß der gleichnamigen Reichsfreiherrn, dem eine von Hans-Karl von Thüngen mustergültig geführte landwirtschaftliche Domäne angeschlossen ist. Beim ›Frühjahrsfest‹ in Thüngen, wo Bayerns erste ›Bierkönigin‹ regiert, lädt der Baron alle Jahre Politiker, Umweltschützer und Bauern zu gemeinsamen Gesprächen ein. Im Städtchen Arnstein saßen einst die fränkischen Reichsritter von Hutten, dem berühmten Ulrich von Hutten eng verwandt. In der Wallfahrtskirche Maria Sondheim hatten sie ihre Grablege. Dort ist einer der künstlerisch wertvollen Grabsteine auch dem Philipp von Hutten gewidmet, der im Dienst der Augsburger Welser deren Venezuela-Politik förderte. Ab 1540 war er Generalkapitän von Venezuela, das damals dem Handelshaus der Welser gehörte. Er wurde im Jahr 1546 zusammen mit Bartholomäus Welser von einem Spanier ermordet.

Ein Bauer als Archäologe

Seit Jahr und Tag ist die Archäologie neben der Landwirtschaft die zweite Leidenschaft des Bauern Fridolin Bessler in Zeuzleben bei Werneck. Er hat schon manchen vor- und frühgeschichtlichen Fund auf seinen Äckern gemacht. Sein größter ›Fang‹ war ein thüringisches Fürstengrab. Was der Bauer Bessler nicht in die Vitrinen des ›Mainfränkischen Museums‹ in Würzburg lieferte, ist in seinem kleinen Privatmuseum zu besichtigen.

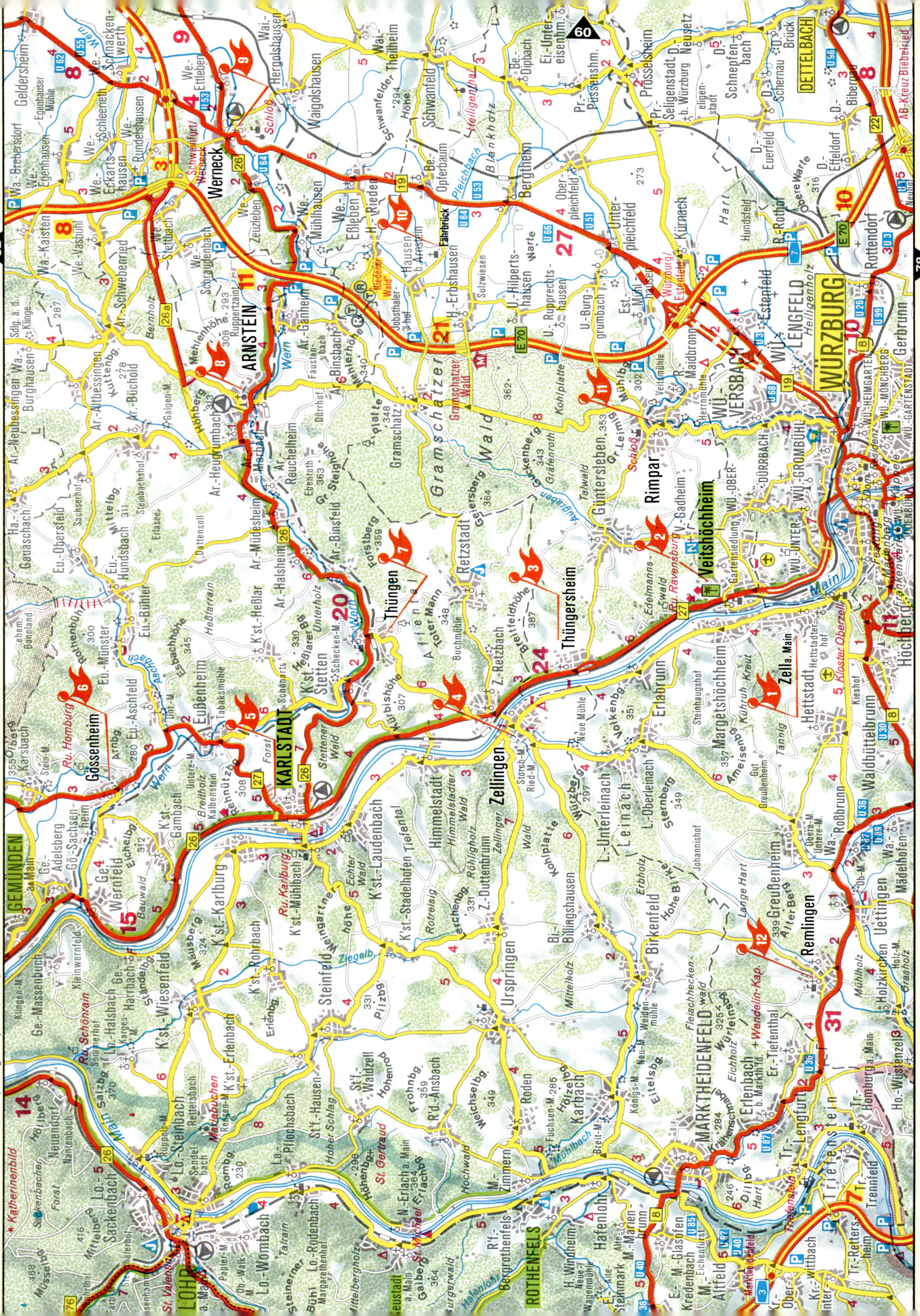
Maßstab 1:150 000
km
WÜRZBURG
KARLSTADT
ARNSTEIN
MARKTHEIDENFELD
GEMÜNDEN
DETTELBACH
ROTHENFELS
LOHR
Werneck
Zellingen
Veitshöchheim
Rimpar
Thüngen
Thüngersheim
Remlingen
Gössenheim
Retzstadt
Gramschatzer Wald
Main

Wo gibt es was?

Fähnchennummer = Textnummer   ⓘ = Auskunft

Zell am Main ①

Weitgehend erhaltene romanische Anlage des 1126 gegründeten Prämonstratenserklosters *Oberzell* (Langhaus der brockisierten Klosterkirche noch aus dieser Zeit). Die Klostergebäude nach Plänen Balthasar Neumanns (1744 bis 1760; Kloster heute Mutterhaus der ›Dienerinnen der Kindheit Jesu‹).

Veitshöchheim ②

Sommerresidenz der Würzburger Fürstbischöfe. Das Schloß wurde 1682 fertiggestellt und bis 1753 durch Balthasar Neumann erweitert und umgestaltet. Der Rokokogarten ist mit seiner reichen Gartenplastik (Peter Wagner, Johann Wolfgang van der Auvera, Ferdinand Tietz; alles um 1750) weltberühmt. Der Ort ist Sitz der ›Bayerischen Landesanstalt für Wein- und Gartenbau‹. Schloßmuseum (geöffnet täglich außer sonntags und montags April bis September) und Hofgartenkonzerte. Freibad, Bootsverleih, Personenschiffahrt. Gute Einkehr in den ›Heckenwirtschaften‹ (Winzerausschank hauseigener Weine im Herbst und Frühjahr) und im »Ratskeller«.
ⓘ Gemeinde 8702 Veitshöchheim.

Thüngersheim ③

Für den freundlichen Winzerort ist der Weinbau schon für das 11. Jh. urkundlich nachweisbar. Malerischer Ortskern mit drei Toren der einstigen Ortsbefestigung (16. Jh.). Die Pfarrkirche vereint alle Stile von Romanik bis Rokoko.
ⓘ Gemeindeamt 8702 Thüngersheim.

Zellingen ④

Alter Marktflecken mit klassizistischer Kirche, die 1787 aus einem zweigeschossigen Flügel eines Barockschlosses von 1717 geschaffen wurde.
In *Retzbach* die bis 1740 von Balthasar Neumann erbaute barocke Laurentiuskirche und die Wallfahrtskirche ›Maria im Grünen Tal‹ (14. und 17. Jh.). Im Weinort *Retzstadt* die barocke Andreaskirche (1728) mit romanischem Turm.

Karlstadt ⑤

Die Kreisstadt des Main-Spessart-Kreises hat trotz naher Großindustrie eines der ansprechendsten Altstadtbilder Frankens. Sie wurde um 1200 vom Würzburger Fürstbischof Konrad von Querfurt systematisch angelegt, mit Marktstraße, Kirchplatz und rasterartigem Gassengefüge. Nach der dem Wein zu verdankenden Blüte im Mittelalter erneuter Aufschwung vor 100 Jahren. Mauern, Türme und Tore aus dem 13. und 16. Jh. sowie viele schöne Fachwerkhäuser noch gut erhalten. Die gotische Andreaskirche (Chor 1386, Langhaus 1481) hat eine Tilman Riemenschneider zugeschriebene Steinkanzel (1523) und in der Rieneckerkapelle vier schöne Bildnisplatten der ›Voite von Rieneck‹. Das gotische Rathaus (1422) birgt die Ratsstube von 1605, einen schönen Renaissancesaal. Die *Karlburg* geht auf das 7./8. Jh. zurück; seit 1525 Ruine. Segel- und Motorflug auf dem ›Saupurzel‹, Klettergarten. Karlstädter Weine aus der nächsten Umgebung und fränkische Kost bekommt man im »Weißen Lamm«, im »Gasthaus Alte Brauerei« oder im »Goldenen Anker«.
ⓘ Verkehrsamt 8782 Karlstadt.

Gössenheim ⑥

Der Winzerort im Werntal wird von der im 11. Jh. gegründeten *Homburg* überragt, die als eindrucksvolle Ruine noch zeigt, daß hier eine der größten Burganlagen (11.—14. Jh.) Unterfrankens stand. Gute Aussicht; originelle Einkehr beim »Schoppe-Franz«.
ⓘ Gemeindeamt 8781 Gössenheim.

Thüngen ⑦

Gemütlicher, ländlicher Ort, überragt vom weitläufigen Schloß (überwiegend 16. Jh.; Privatbesitz), das aus dem frühmittelalterlichen Wohnturm ›Alter Stock‹, einem neugotisch umgebauten Hauptgebäude und einem Renaissanceteil mit schönem Erker besteht; es war Stammsitz der geschichtlich bedeutenden Herren von Thüngen (u. a. ein Würzburger Bischof, ein Reichsmarschall). Gemütliche Einkehr im Brauereigasthof »Schwarzer Adler«. In *Stetten* gute Weinlagen.
ⓘ Gemeindeamt 8702 Thüngen.

Arnstein ⑧

Freundliches, bereits 839 genanntes Städtchen (Stadtrecht 1317). Es wird überragt vom einstigen Amtsschloß der Würzburger Fürstbischöfe (um 1545; Privatbesitz) und von der Nikolauskirche (17. und 18. Jh.). Vor der Stadt die spätgotische Wallfahrtskirche Maria Sondheim (15. und 16. Jh.) mit gutem Figurenschmuck und Glasgemälden im Chor (um 1480). Die mit Arnsteins Geschichte eng verbundene Adelsfamilie von Hutten hatte hier ihre Grablege; hervorragende Grabsteine.
Hallenbad. Gut fränkisch Essen und Trinken vor allem im »Goldenen Engel«.
ⓘ Verkehrsamt 8725 Arnstein.

Werneck ⑨

Der wohl 800jährige Ort wurde im 17. Jh. zum Sommersitz der Würzburger Fürstbischöfe. Das heutige, dreiflügelige Schloß ließ Fürstbischof Friedrich Karl von Schönborn bis 1745 von Balthasar Neumann errichten; eine der bedeutendsten Schloßanlagen ihrer Art. Sie stellt die Verbindung von Sommerresidenz und Landgut dar. Das Innere (heute Krankenhaus) bis auf die prachtvolle Schloßkapelle verändert. Der ursprüngliche Barockpark wurde 1860 zu einem Englischen Garten mit teilweise exotischen Bäumen (Tamariske, Gingkobaum, Tulpenbaum u. a.). Im Besslerhof in *Zeuzleben* ein privates Museum mit vor- und frühgeschichtlichen Funden.
ⓘ Gemeindeamt 8722 Werneck.

Fährbrück ⑩

Nahe *Hausen bei Arnstein* ragt aus den Feldern, weithin sichtbar, die barocke Wallfahrtskirche Mariä Himmelfahrt, erbaut 1685 bis 1697, heute betreut von Augustiner-Patres. Das Wallfahrtsbild, eine anmutige Madonna (Peter Wagner, 1798), zeigt Maria als ›Herzogin von Franken‹. Gestiftet wurde das Kloster bereits im 12. Jh. (Klostergasthof).

Rimpar ⑪

Gut 1100 Jahre alter Marktflecken mit dem Schloß der Herren von Grumbach, das ab 1593 von Fürstbischof Julius Echter von Mespelbrunn als Sommersitz ausgebaut wurde; schönes Renaissance-Portal an der Hofseite (Verwaltung und Gaststätte). In der neugotischen Pfarrkirche Peter und Paul (1850) sieben Bildnisgrabsteine der von Grumbach, alle aus der Schule Tilman Riemenschneiders; der Stein Eberhards von Grumbach (gestorben 1487) gilt als das früheste Werk Riemenschneiders. Sehenswert in der *Maidbronner* Afrakirche (13. und 14. Jh.) eine ›Beweinung‹ Riemenschneiders. Wanderungen zum »Waldhaus Einsiedel« (bewirtschaftet) im Gramschatzer Wald.
ⓘ Marktgemeinde 8702 Rimpar.

Remlingen ⑫

Im 9. Jh. bestand hier ein fränkischer Königshof. Später waren die Herren von Wertheim und Castell begütert, daher auch zwei Schlösser im Markt, das sogenannte Würzburger aus dem frühen 15. Jh. und das Castellsche aus dem 16. Jh. Das Rathaus von 1729 mit Freitreppe. Reiterzentrum.
ⓘ Marktgemeinde 8702 Remlingen.

Das Magazin für das Abenteuer Natur.

Bisher erschienen:
1 Eifel, 2 Nationalpark Königssee, 3 Frankenwald und Fichtelgebirge, 4 Ostsee, 5 Harz, 6 Altmühltal, 7 Nordsee, 8 Bayerischer Wald, 9 Elbufer-Drawehn, 10 Allgäu, 11 Niederrhein, 12 Steigerwald, 13 Holsteinische Schweiz, 14 Teutoburger Wald, 15 Zugspitze, Ammergauer Alpen, Karwendel, 16 Hunsrück, 17 Oberschwaben, 18 Naturpark Lauenburgische Seen, 19 Vogelsberg, 20 Lüneburger Heide, 21 Neusiedler See, 22 Nürnberger Reichswald, 23 Chiemgauer Alpen, 24 Naturpark Pfälzerwald, 25 Ostfriesland: Küste und Inseln, 26 Naturpark Hochtaunus, 27 Naturpark Obere Donau, 28 Norwegen - Fjord und Fjell im Westen, 29 Südschwarzwald, Feldberg und Wutachschlucht, 30 Rheinhessen, 31 Österreichs Donau-Auen, 32 Fränkische Schweiz, 33 Maas-Schwalm-Nette, 34 Spessart, 35 Dümmer und Wiehengebirge, 36 Oberpfälzer Wald

Kommen Sie der Natur auf die Spur.

Vielfalt und Schönheit unserer Heimat für zu Hause und unterwegs. Das Naturmagazin HB draußen gibt Ihnen umfassende Informationen über Pflanzen, Tiere und Gesteine eines bestimmten Gebiets.

Faszinierende Naturaufnahmen, fachkundige Erklärungen, fesselnde Berichte, ausgearbeitete Wandervorschläge und vieles mehr.

6mal im Jahr 100 Seiten. Rund 150 Farbaufnahmen. Format 22 x 30 cm.

Eine weitere Serie aus dem HB Verlag, Hamburg.

HB NaturMagazin draußen